国外人士看新时代

主编 于海青

中国式现代化

路径、成就与挑战

［意］弗斯科·贾尼尼 著

李凯旋 李赛林 译

Originally published in simplified Chinese by Contemporary China Publishing House, 2022. All rights reserved.
未经版权所有者书面同意，不得以任何手段复制本书任何部分。

版权合同登记号 图字：01－2022－2253

图书在版编目（CIP）数据

中国式现代化：路径、成就与挑战／（意）弗斯科·贾尼尼著；李凯旋，李赛林译. -- 2版. -- 北京：当代中国出版社，2024.8. -- ISBN 978-7-5154-1437-9

Ⅰ．D61

中国国家版本馆 CIP 数据核字第 2024EB5786 号

出 版 人	王 茵
责任编辑	袁又文　柯琳娟
责任校对	贾云华
印刷监制	刘艳平
封面设计	罗禹哲　宋 涛
出版发行	当代中国出版社
地　　址	北京市地安门西大街旌勇里8号
网　　址	http://www.ddzg.net
邮政编码	100009
编 辑 部	(010)66572180
市 场 部	(010)66572281　66572157
印　　刷	中国电影出版社印刷厂
开　　本	850毫米×1168毫米　1/32
印　　张	4.75 印张　2 插页　69 千字
版　　次	2024年8月第2版
印　　次	2024年8月第1次印刷
定　　价	40.00元

版权所有,翻版必究;如有印装质量问题,请拨打(010)66572159联系出版部调换。

总　序

党的十八大以来，中国特色社会主义进入新时代，以习近平同志为核心的党中央，统筹国内国际两个大局，团结带领中国人民取得了社会主义现代化建设的巨大成就，创造了令世界惊叹的发展奇迹，谱写出人类进步史上的辉煌篇章。新时代中国的发展，铸就了21世纪世界发展的精彩华章；新时代中国特色社会主义的伟大成就，使中国成为世界社会主义的引领旗帜和中流砥柱；新时代中国始终不渝做全球发展的探索者和引领者，为解决世界难题贡献了中国智慧，为人类对更好社会制度的探索贡献了中国方案；新时代中国在推进马克思主义中国化时代化中激发中华优秀传统文化的生机与活力，使中华文明焕发蓬勃生机，创造了人类文明新形态，为人类文明进步作出巨大贡献。新时代中国取得的巨大成功，不仅在中华民族发展史、中华人民共和国发展史上具有重大意义，而且在世界社会主义发展史、人类社会发展史上也具有重大意义。

中国共产党在领导人民推进社会主义现代化建设的进程中，走出了一条中国式现代化道路。新时代中国以巨大的成就、广泛的影响、显著的优势彰显了通过中国式现代化道路创造的人类文明新形态。中国式现代化道路的开拓，为广大发展中国家走向现代化提供了典范样本和全新选择。中国式现代化道路是基于自身的经济社会条件、历史文化传统、基本价值诉求、现实发展逻辑作出的选择，具有鲜明的中国特色、民族特质、时代特性。中国式现代化是人口规模巨大的现代化，是全体人民共同富裕的现代化，是物质文明和精神文明相协调的现代化，是人与自然和谐共生的现代化，是走和平发展道路的现代化。新时代中国以高度自信的精神状态展现了中华文明的当代形态、社会主义文明的中国形态、人类文明的崭新形态，打破了"西方中心主义"文明观的思维束缚，有力驳斥了"文明冲突论""历史终结论""社会主义失败论"。新时代中国坚持既不输入别国模式，也不输出中国模式，始终高举和平、发展、合作、共赢旗帜，奉行独立自主的和平外交政策，坚持走和平发展道路，推动建设新型国际关系，维护国际关系民主化，推动构建人类命运共同体，做世界和平的建设者、全球发展的贡献者、国际秩序的维护者，以中国的新发展为世界提供新机遇。

当前，走近世界舞台中央的新时代中国与21世纪的世界融为一体，中国的发展在造福本国人民的同时，为世界发展进步作出越来越大的贡献。当今世界是开放的世界，中国的发展离不开世界，世界的发展更需要中国。纵观人类社会发展史，从原始封闭的民族历史向广阔的世界历史转变以来，开放性是人类社会的基本特征，全球化是世界发展的必然趋势。中国发展、中国奇迹、中国道路、中国之治正引起国际社会越来越多的关注和研究。随着国际格局的调整、世界局势的变迁、全球秩序的嬗变，中华民族在迎来从站起来、富起来到强起来的历史飞跃中日益走近世界舞台中央，实现中华民族伟大复兴进入了不可逆转的历史进程。中国在解决人类难题、全球问题、时代课题中承担更加重要的角色，提出了一系列新思想新理念新倡议,为建构国际政治经济新秩序、塑造全球治理新格局,发出了中国声音、彰显了中国担当、贡献了中国智慧、提供了中国方案。观察和理解中国,需要坚持历史思维和全球思维,树立大历史观,从历史长河、时代大潮、全球风云中分析演变机理、探究历史规律、提炼经验启示。

中国特色社会主义新时代取得的历史性成就和发生的历史性变革,中国式现代化道路坚持既发展自身又造福世界,令世人瞩目、引各国关注,并赢得国际社会的认可和赞赏。世界不同国家和地区的有识之士对新时代中国给予了高度关注并进行了深入研究。为了集中系统呈现国外专家学者关于中国特色社会主义新时代的研究成果和主要观点,推动开展对比研究,同时推进国际社会更加全面客观地认识中国,由中国社会科学院国际合作局、马克思主义研究院策划,马研院国外马克思主义研究部具体协调沟通,中国社会科学院国际合作局、世界社会主义研究中心、马克思主义理论学科建设与理论研究工程提供出版资助,组织国外专家学者撰写"国外人士看新时代"系列小丛书。丛书作者来自世界各国各地区，从多学科、多维度、多层面对习近平新时代中国特色社会主义思想、中国特色社会主义新时代进行了分析评价。

参与撰稿的专家学者中，有的长期从事中国问题研究，对当代中国有着深刻的了解，以客观公正、科学严谨的态度探讨了中国奇迹产生的内在逻辑、中国之治形成的制度基础、中国道路开创的历史规律。该丛书的出版，对于讲好中国故事、展示中国形象、传播中国声音具有重要的借鉴意义。我们衷心希望通过"国外人士看新时代"小丛书这个思想交流平台，推动建构新型国际关系、新型党际关系，推动构建人类命运共同体，为中华文明与世界各国文明的互学互鉴、为中华民族伟大复兴与人类社会发展进步贡献智慧力量。

编　者

2021 年 11 月

目 录

引 言 / 001

**第一章 中华人民共和国成立后的现代化探索
（1949—1989）** / 009

第一节 前 30 年的社会主义建设成就与挫折 / 010

第二节 拨乱反正与改革开放的重大决策 / 013

第三节 改革开放早期的实践 / 016

第二章 中国式现代化的经济发展成就 / 023

第一节 中国的购买力平价国内生产总值真的超越美国
了吗？/ 024

第二节 不断完善的基础设施与工业生产体系 / 028

第三节 中国具备强大的创新能力和创造力 / 038

第四节 中国的进出口贸易与庞大的银行业 / 040

第三章 全面建成小康社会与中国式现代化新征程 / 045
第一节 实事求是地制定经济发展和脱贫政策 / 045
第二节 20世纪八九十年代的脱贫攻坚历程与成就 / 051
第三节 全面建成小康社会,开启全面建设社会主义现代化国家新征程 / 056

第四章 中国式现代化之路取得成功的关键 / 065
第一节 中国共产党在重要历史节点的决定性作用 / 066
第二节 中国共产党治理理论与治理能力的与时俱进 / 071
第三节 以人民为中心,发挥人民主体性作用 / 076

第五章 中国式现代化的世界意义 / 089
第一节 丰富了发展中国家走向现代化的路径选择 / 090
第二节 中国式现代化成就有利于维护世界和平与发展 / 097
第三节 鼓舞了处于低谷中的世界社会主义运动向前发展 / 106

第六章 中国式现代化未来面临的挑战与前景 / 117
第一节 经济社会领域的挑战:外部的"脱钩"与内生的难题 / 118
第二节 政治领域的挑战:来自西方的攻击与分裂活动 / 125
第三节 中国式现代化进程是难以阻遏的 / 138

引 言

若将中华人民共和国 70 多年的经济社会发展置于整部人类历史中去考察，我们就会发现其成就是非常罕见的。中国经济社会及科学教育等领域的全面发展，不仅改变了世界，还改变了"冷战"结束后的国际格局。中国改革开放 40 多年来取得的成就，令整个西方资本主义世界感到震惊，同时也使得在东欧剧变、苏联解体后陷入低潮的世界社会主义运动倍受鼓舞。

近年来，越来越多的意大利学者开始关注甚至深入研究中国式现代化的路径，以及其所取得的成就、经验和未来可能遇到的挑战。关心中国发展的意大利学者，对中国的社会主义现代化强国愿景和中国共产党的探索寄予了厚望。我在自己撰写的这部作品中，将真诚地向诸位分享意大利左翼学者近几年所形成的有关中国式现代化及中国特色社会主义的系列认识。

我了解到，除了意大利，欧美也有很多学者在关注中国崛起背后的原因。我不太赞同将中国的崛起与韩国等亚洲四小龙经济的腾飞进行类比。因为中国的人口规模要庞大得多，同时，自然资源和可耕地资源却又相对匮乏。如果把中国比作一艘巨轮，那么1949年的中国号巨轮是千疮百孔的。若要它扬帆远航，难度之大，可想而知。彼时的中国也不具备苏联那样建设社会主义工业化强国的工业基础和丰富的自然资源。中国式现代化之路，是具有独特内涵的。在1979年，邓小平就说过社会主义中国的现代化，与资本主义国家的现代化不一样。中国式现代化包含着脱离匮乏困境、实现共同富裕的内涵。这对世界上很多发展中国家都有借鉴意义。正如中国共产党在其十九大报告中所说的那样，中国的现代化，"拓展了发展中国家走向现代化的途径，给世界上那些既希望加快发展又希望保持自身独立性的国家和民族提供了全新选择，为解决人类问题贡献了中国智慧和中国方案"。

本书由六章构成。在第一章，我将对中华人民共和国成立后前30年的曲折探索，以及"文化大革命"结束后拨乱反正和改革开放的早期实践成果进行分析。之所以要对新中国的"前30年"进行分析，因为这是研究中国式现代化不能回避的历史时期，更是此后中国特色社会主义事业发展的基础。中国的改革开放并不是一帆风顺的。在20世纪八九十年代，改革开放政策并非如今天这样赢得了全体中国人民的一致拥护和支持。改革开放是一个解放思想的探索过程，必然会遭遇来自"左"和右的质疑。

但是，我并非完全按照时间的顺序，去向读者展现中国式现代化的历史进程。因此，在第二章，我更多地侧重于通过数据，实证地展现中国的工业化成果和经济实力。按照购买力平价计算，中国的国内生产总值（GDP）早在2015年就超过了美国。这绝非夸大其词。中国的工业体系在40余年的改革开放中不断完善，以高速公路和高速铁路为代表的基础设施建设，在全世界都堪称一流。我们对中国创造力的认知还停留在"模仿"的刻板印象中，去看看中国知识产权的申请量吧！有这样的产能作后盾，其进出口贸易必然是繁荣的。在经济发展中发挥中枢作用的银行业，近些年也蓬勃发展起来。有繁荣经济的支撑，中国多家股份制国有商业银行在世界上市公司榜单中名列前十，也就不足为奇了。

在第三章，我引导读者将目光聚焦于中国的脱贫攻坚成就。社会主义中国的现代化，与实现了工业化的西方国家现代化是不同的。这个不同的本质就是，社会主义中国要建设的小康社会和社会主义现代化强国，都是将发展成果惠及全体人民。共同富裕是中国式现代化的应有之义，因其是社会主义制度的重要内涵之一。因此，在第三章我花费了大量笔墨去书写中国共产党和各级政府，如何因地制宜、因时制宜制定经济发展和脱贫政策。要知道，中国的贫困标准，不是一成不变的，是根据经济社会发展水平而调整的。2020年，中国全面建成小康社会，历史性地解决了绝对贫困问题。这是一个了不起的、令人肃然起敬的成就！

在第四章，我尝试去分析截至目前，中国能够取得现代化成就的主要原因。与那些聚焦于外部环境和发展机遇的学者不同——当然，这并不意味着我认为这些因素不重要,我更多地从社会主义中国的内部,去寻找其实现现代化的驱动力。中国的传统文化当然也不容忽视,但并不是最重要的。我们不应忘记马克思主义所告诉我们的关于"现实的人"的道理。因此,我认为中国式现代化能够取得成就且必将有美好前景的原因在于,这个国家幸运地拥有一个始终不忘初心的、"以人民为中心"并能发挥人民主体性作用的中国共产党。中国共产党在中国革命的重要关头,在中国社会主义建设的关键历史时刻,作出了决定历史发展方向的正确抉择。中国共产党还拥有自省、自我革命能力,这使其在治理理论和治理能力上始终能够与时俱进。

在第五章,我围绕中国式现代化的世界意义,分享了自己的观点。当今世界的大部分人和大部分国家,都依然处在发展状态中。这些国家在20世纪纷纷实现了独立和自治,但是始终没能摆脱经济上的贫困和物质上的匮乏。它们在发展进程中纷纷移植了一直被奉为圭臬的西方资本主义的现代化模式,但在不少国家中此模式未能取得良好效果。所以,这些还在苦苦探寻民族富强之路的国家，不妨看看中国的经验吧！社会主义中国的崛起，对维护世界和平而言，意义非凡。中国不仅在联合国等多边组织发挥了重要的作用，还通过参与组建上海合作组织等政府间合作组织，为国家间的平等交流与合作，作出了新的探索。"一带一路"倡议，是中国推动世界经济发展成果"共享"的举措。第三世界经济的有序发展，是和平与平息战乱的重要基础。世界社会主义运动在东欧剧变、苏联解体后始终处于低潮，而中国式现代化的成就，吸引了多国社会主义运动的目光。中国特色社会主义的成就，极大地鼓舞着那些在困境中砥砺前行的社会主义者。

第六章，也是本书的最后一章。我对中国式现代化的挑战与前景进行了分析。毫无疑问，中美贸易摩擦，本质上就是西方媒体和部分政治人物所说的意在遏制中国崛起的全面"脱钩"战略的开始。中国的外部经济环境的确是不利的。同时，中国还面临老龄化、少子化等内部挑战。西方主流媒体和政治人物假借所谓"人权"及他们编造的香港、新疆、台湾等中国内政问题，也给中国制造了不少麻烦。但是，外部的阻遏和内部的挑战都难以阻挡中国的现代化进程。只要这个国家的执政党——中国共产党能够始终不忘初心、与时俱进，在现有的坚实的经济社会发展成就之上，在坚韧且富有创造力的中国人民的支持下，中国式现代化一定能够取得更加令人惊叹的成就。

第一章

中华人民共和国成立后的现代化探索（1949—1989）

我们西方人研究当代中国，非常关注邓小平开启的改革开放时代，但也不会忽视新中国早期的探索。因为，事实上，在新中国成立后，中国共产党第一代领导集体在极端困难的条件下展开的社会主义改造、四个现代化建设，亦是激动人心、荡气回肠的。正是这曲折发展的前30年为1978年之后中国的改革开放实践和经济腾飞奠定了基础。前30年的成绩，不可抹杀，更不宜否定。而且，中国的改革开放事业在20世纪80年代末所遭遇的挫折及中国共产党的应对，也应给予关注。

第一节　前30年的社会主义建设成就与挫折

正如我在引言中所说的，我是以一个西方人、一个有着马克思主义理论背景和社会主义理想追求的左翼政治家的身份，对中华人民共和国成立后的关键历史发展节点作出的观察和判断。此外，必须申明的是，我在本书中的观点和立场，源自我个人对中国现代化之路的观察，并不能代表我曾经所属的左翼党派。

1949年10月1日，新中国成立了。这标志着中国人民从此摆脱了"三座大山"——帝国主义、封建主义、官僚资本主义的压迫，真正站起来了。这同时也标志着拥有5000多年文明历史的中华民族发展进步的历史新纪元。

新中国成立后，按照具有临时宪法作用的《中国人民政治协商会议共同纲领》的规定，国家要"有步骤地将封建半封建的土地所有制改变为农民的土地所有制"。据此，从1950年冬到1953年春，在新解放区占全国人口一多半的农村，中国共产党和各级政府领导农民完成了土地制度的改革，废除了封建土地所有制，实现"耕者有其田"。1951年年底至1952年10月，中国共产党还在党政机关工作人员中开展了"反贪污、反浪费、反官僚主义"的"三反"运动，并在私营工商业者中开展了"反行贿、反偷税漏税、反盗骗国家财产、反偷工减料、反盗窃国家经济情报"的"五反"运动。通过运动，新中国为实现对资本主义工商业的社会主义改造打下了坚实的基础。

新中国成立后，中国共产党将官僚资本没收为国营企业，打击金融投机、稳定物价、遏制恶性通货膨胀，最终稳定经济社会秩序，作为其财经工作的中心任务。这为此后的大规模社会主义经济建设奠定了基础。

1953年，新中国开始实施第一个五年计划，其目标是为建立比较完整的工业体系和国民经济体系打下基础、创造良好的前提条件。这个五年计划的实施标志着新中国工业化的开始。中国共产党提出了从中华人民共和国的成立，到生产资料公有制的社会主义改造基本完成，这一阶段的总路线，又被称为过渡时期的总路线："从中华人民共和国成立，到社会主义改造基本完成,这是一个过渡时期。党在这个过渡时期的总路线和总任务,是要在一个相当长的时期内,基本上实现国家工业化和对农业、手工业、资本主义工商业的社会主义改造。"正如毛泽东同志所说的那样,这条总路线是中国共产党在这一时期工作的指南和灯塔,偏离这条路线就会犯"左"倾或右倾的错误。

但是,自1956年社会主义改造基本完成后,中国的现代化探索就进入了较为曲折的历史时期。1958年,中国共产党发起了"大跃进"运动。在1960年年底前,高指标、瞎指挥、虚报风、浮夸风、"共产风"在中国各地盛行,各地所提出的工业大跃进和农业大跃进的目标脱离实际,片面追求工农业生产和建设的速度,并且大幅度地提高和修改计划指标。这是一场从良好愿望出发的运动,但大大脱离了20世纪50年代中国的工业和农业生产力发展水平落后的现实,因而给社会主义建设造成了严重损失。

在20世纪60年代前期,中国共产党纠正了"大跃进"的错误,通过调整,推动社会主义事业继续向前发展。但到1966年,正当新中国基本完成调整任务，开始执行发展国民经济第三个五年计划的时候，中国共产党的最高领导人毛泽东同志发起了"文化大革命"。他发动"文化大革命"的出发点是防止资本主义复辟、维护党的纯洁性，继续探索中国自己的建设社会主义的道路。但他当时对中国共产党和他的国家的政治状况的判断严重偏离了实际。在这十年中，社会主义中国的经济建设也取得了不小的成就。但是，我也一直有个假设——如果没有这十年的失序和浩劫，也许中国会取得更多的发展。当然，历史不能被假设。幸而中国共产党在粉碎"四人帮"后，很快就对"文化大革命"进行了反思。

第二节 拨乱反正与改革开放的重大决策

"文化大革命"结束后，新中国的社会主义建设百废待兴、百业待举，人民生活亟待改善。以邓小平为代表的中共中央领导人实行了拨乱反正与改革开放的政策。这对新中国成立以后的现代化伟大进程，是具有里程碑意义的。这还意味着，中国人民在中国共产党的带领下，开始了中国特色社会主义道路的探索。

在我看来，在急于推进生产力进步的"大跃进"之后，以毛泽东为代表的中共中央领导人发动"文化大革命"的主要目的，依然是推动社会主义制度建设，发展落后的经济。但是，此前"大跃进"运动遭遇的挫折，使得中国共产党党内的重要人物之间，就国家经济建设的路线和方针产生了较为深刻的分歧。这些半公开化的分歧在一定程度上影响了党的团结，甚至有损于中共中央领导集体在青年党员中的威信。毛泽东在1966年发动了"文化大革命"。但是，在这场运动的早期，中共中央领导层低估了其可能向"政治大地震"演化的风险，低估了其对优先发展生产力的马克思列宁主义基本原理的背离程度。后来的历史发展也证明，"文化大革命"并未朝着中国共产党和中国人民的伟大领袖所期待的方向发展，而是给国家的政治和社会生活都带来了相当程度的混乱。这极不利于经济的发展，也不利于落后的工业体系通过技术研发等手段，实现现代化。更为重要的是，在广大的中国农村地区，那时依然有规模达7亿多的贫困人口。

值得一提的是,在同一时期的意大利,即20世纪六七十年代,意大利共产党内部对中国共产党最高领导人发动的"文化大革命"的态度,存在较大分歧。不过,大多数意大利共产党内部理论家和知识分子,都不赞同中国共产党发起这场超大规模的群众运动,有的甚至表达了批评的意见。但是,也有少部分人是支持的。

毛泽东逝世后,邓小平带领中国共产党和中国人民走上了新的征途。首先是1977年的拨乱反正,带领国家政治生活重归正轨。其次是1978年正式开始实行的改革开放政策,这也是中国特色社会主义道路探索的开始。在此后的数十年中,中国共产党在中国特色社会主义道路上,引领中国的民族工业逐步走出了落后的状态,引领物资长期处于匮乏状态的中国农民克服贫困,逐步走向小康社会。

在展开后面的论述之前,我必须要提到一份在中国共产党历史上具有深远意义和重大影响的重要文件,这就是《关于建国以来党的若干历史问题的决议》。这份决议分为八个部分,主要有三个方面的内容。第一,对新中国成立32年来中国共产党的历史进行了科学的分析和正确的总结,实事求是地评价了中华人民共和国成立以来的重大历史事件，分清了功过是非。第二，实事求是地评价了毛泽东在中国革命中的历史地位，科学地论述了毛泽东思想的基本内容和作为党的指导思想的伟大意义。第三，肯定了中共十一届三中全会以来逐步确立的适合中国国情的建设社会主义现代化国家的正确道路，进一步指明了中国社会主义事业和党的工作继续前进的方向。显然，中国共产党敢于直面历史，敢于正视自身的错误并从中汲取经验和教训。中国共产党没有割裂历史，没有像苏联的赫鲁晓夫否定斯大林那样否定毛泽东。这是中国共产党优良品质的体现，也是这个党能够领导中国人民实现社会主义现代化的最根本保证之一。

第三节　改革开放早期的实践

在以邓小平为核心的中国共产党人的领导下，中国人民加快了迈向社会主义现代化的探索进程。中国共产党早在1954年就提出的以农业现代化、工业现代化、交通运输现代化和国防现代化为内容的

"四个现代化"。改革开放后"四个现代化"有了新定义并得到了更快、更深入的推进。改革开放,推动社会主义中国加强了与发达资本主义世界的经济和科技交往。当然,此时的国际政治环境也发生了较大变化。换言之,相较于中国思想界所界定的前30年——1949年至1978年,中国在改革开放初期的外部发展环境也得到了较大改善。与外部世界联系和交流的密集化,极大地促进了中国经济的起飞。中国开始融入一个日益全球化的世界,彻底摆脱了由于主客观因素而陷入的相对孤立、封闭的状态。就历史唯物主义的角度而言,社会主义中国的经济自此开始的突飞猛进,拥有了更坚实的生产力发展作为其支撑。这种"突飞猛进"与其20世纪50年代后期脱离实际的"大跃进"运动,有着本质的区别。

在中国改革开放早期的实践中,最引人注目、最具有标志性且最有效的政策举措是建立经济特区。在中国的经济特区中,外国投资者可以在享受税收减免、劳动力成本低廉、基础设施便利等极为优惠的条件下,办公司、开工厂。在改革开放早期,中国只在东南沿海地区设立了四个经济特区,包括最为著名的深圳经济特区，以及汕头、珠海和厦门。及至1988年，海南也被纳入经济特区之列。正是在这些经济特区的带动下，中国经济在20世纪80年代的发展非常引人注目。

经济特区的巨大成功，激励了中国共产党领导层去设立更多直接面向国际经济的特区。例如对上海浦东的开发开放。这块神奇的土地，仅用了30年，就惊艳了全世界。有了这些成功经验，进入21世纪后，中国共产党又开始了"自由贸易区"的探索。第一个自贸区，设立在被誉为中国改革开放象征的浦东新区。这是后话，我会在后文中继续展开。

得益于经济特区的政策支持，中国东部和南部沿海地区自20世纪八九十年代以来所实现的巨大飞跃，辐射到了内陆地区，带动了中国的中西部贫困落后地区的经济发展。改革开放所取得的成就是有目共睹的。

中国共产党一直秉持"摸着石头过河"的原则开拓创新，凝聚各族人民的热情和创造力，在全国各地探索构建新的、有利于发展的经济政策体系。西方人对"摸着石头过河"所蕴含的哲学思想，应该不陌生。这一思想意味着中国共产党会在某个省市选个"试验田",对新的政策体系进行实验,待其呈现好的效果后,便逐步向全国推广。反之,则及时终止。这种现代化的探索方式是稳健的,不致给国家的经济社会生活带来大的混乱。中国共产党在治理国家的进程中,不仅运用了马克思主义历史唯物主义和辩证法原理,而且往往非常出色地承袭了中华优秀传统文化所蕴含的丰富政治智慧——尤其是习近平总书记引用"治大国如烹小鲜"一语所体现的态度。

我知道,包括意大利在内的西方多国共产党人和左翼学者,都对中国的改革开放和四个现代化建设持有质疑态度。他们认为,这样的探索会使中国偏离社会主义。但是,中国改革开放40多年来的发展有力地反驳了他们的观点:以邓小平为核心的中国共产党第二代领导集体进行的改革开放、社会主义市场经济体系建设等探索,为中国人民走进光辉灿烂的新时代开辟了中国特色社会主义道路。这是对中国的社会主义制度的巩固,而非弱化。物质匮乏中的平等不是社会主义,社会主义就是要发展生产力。这是符合马克思主义原理的。因此,某些西方左翼学者质疑中国共产党通过经济体制改革,加强与世界的经济贸易联系而改变国家的落后面貌的做法，多少体现了他们的西方中心主义立场。

但是在中国内部，一度也出现过这样的质疑。这种质疑声在20世纪80年代被利用、渲染、扩大，直到1989年，演化成一场亲西方的反社会主义中国的事件。众所周知，这场反革命暴乱背后是有美国和其他西方资本主义国家反华组织支持的。这一事件发生在中国人民的生活得到了极大改善，中国在国际事务中发挥的作用也愈来愈重要的历史节点。这也是中国的改革开放事业亟待继续推进的时刻。

那个被世人誉为"民主灯塔"和矗立着自由女神像的美国及其他西方国家的电视台反复播放天安门广场上的画面，意在向他们国家的民众和全世界昭告这个东方社会主义国家即将陷入巨大的危机。显然，他们意在发挥推波助澜的作用。从本质上而言，这是美国统治阶层对这个东方大国的恐惧心理使然。因为中国的发展潜力逐步显现，将会得到更有力地释放。

中国共产党和中国政府对天安门反革命暴乱的本质，洞若观火。他们果断地进行了干预和应对，挫败了美国意欲在中国趁机掀起反革命暴乱，进而导致国家陷入灾难性混乱的图谋。要知道，类似的危机后来摧毁了苏联。因此，从这个意义上讲，中国共产党和中国政府对天安门反革命暴乱的应对，是对社会主义革命及其成果的捍卫。它与列宁反击沙皇白军，以及1961年菲德尔·卡斯特罗反对美国入侵猪湾的斗争，具有同样的革命性质。

第二章

中国式现代化的经济发展成就

中国的改革开放始于20世纪70年代末。但是,我想,中国经济的真正腾飞始于20世纪90年代。尤其是在中国加入世界贸易组织后,中国的进出口贸易、工业体系都得到了进一步的完善。在2010年,中国国内生产总值跃居世界第二,而按购买力平价计算,甚至超过了美国。对一个起点极低的发展中国家而言,这是非常了不起的成就。

第一节　中国的购买力平价国内生产总值真的超越美国了吗？

短短40多年，中国共产党就带领中国人民通过对中国特色社会主义道路的探索和逐步完善，实现了西方国家几百年才能完成的历史跨越。中国的经济实力在近20多年来得到了尤为快速的增长。如果中国能够保持政治稳定并延续这样的发展趋势，我们可以乐观地预见，在不远的将来，中国必将成为世界第一大经济体。

国内生产总值是一个能够非常恰当地反映一国综合经济实力的例证。美国中央情报局已经承认，如果按照购买力平价（PPP）计算，中国的国内生产总值早在2015年就超过了美国。我们可以去翻阅美国中央情报局近几年出版的系列年鉴。如2015年和2016年的《中情局世界概况》（*CIA World Factbook*）中，就对中美经济进行了比较。美国中央情报局使用了更为精细的分析工具，没有使用名义国内生产总值，而是采用了纯货币国内生产总值的比较方法。

无论如何,我们要知道,这种比较在很大程度上的确反映了中美经济力量对比的变化态势。

购买力平价理论最早是由20世纪初瑞典经济学家古斯塔夫·卡塞尔(Gustav Cassel)提出的。购买力平价是根据各国不同的价格水平计算出来的货币之间的等值系数,通俗意义上讲,就是购买力水平,目的是对各国的国内生产总值进行合理比较。在20世纪40年代,经济学家在国际组织的支持下正式引入了这种计算方式,意在通过剔除汇率波动影响,进而侧重于从不同国家的购买力水平角度反映相关国家的国内生产总值水平。

通常情况下,由于各国购买力水平差异很大,因此要将国内生产总值通过购买力平价系数换算成美元计算。有的国家国内生产总值数据,对转换成美元的计算方式并不敏感。但是,中国和印度非常敏感。

那么,我们看一看美国中央情报局2016年出版的《中情局世界概况》。很明显,在"国家比较GDP(购买力平价)"的标题下,位于美国兰利的中央情报局正是采用了其自身的购买力平价标准进行了计算。2016年,按购买力平价标准计算出的中国国内生产总值无可争议地排名世界第一,相当于

212.90亿美元;同样在2016年,按购买力平价标准计算出的美国国内生产总值是185.70亿美元。换言之,从美国中央情报局的计算数据来看,中国的国内生产总值已然超过了美国。这是一个无可争辩的事实,即在购买力平价标准下,中国的国内生产总值在2016年已经超过美国10%以上,更准确地说几乎达到了1/6。如果我们翻阅美国中央情报局2015年出版的年鉴,浏览中美比较的内容,也会看到北京和华盛顿之间非常相似的差距。

鉴于中美两国近年来经济增长率的不对称性,2016年至2020年购买力平价标准下的两国国内生产总值所反映出的差距在持续扩大。例如,在2017年,中国国内生产总值与上年度相比增幅为6.9%,而美国经济的年度增长率为3%。现在我们可以基于2016年的数据,去做一些简单的计算。即便考虑到人民币和美元之间非常温和的汇率波动,我们也能大致地估计到差距在扩大。我们不必再继续进行可能会令读者感到烦冗无聊的计算,通过对两国2018年之后的经济发展态势的比较——中国经济年增长率接近7%,而美国不到3%,也应能认识到中美两国实际经济实力的差距是在扩大的。

第二章 中国式现代化的经济发展成就

我的这个结论或许会让很多人感到惊讶,甚至难以接受。因此,必须申明的是,我上述的论断都是以美国兰利中央情报局的专业计算为基础的。有人可能会反驳说:这恐怕是不够谨慎、不正确运算的结果。那么,难道所有西方国家主导的国际组织都出现了这样的重大错误吗?

世界银行是公认的监测世界各国经济运转状况,同时维护西方国家经济主导权的国际组织。早在2014年,它的研究部门就发布了一项研究,承认中国或将不可阻挡地成为世界第一大经济体。2014年4月底,在西方世界非常权威的报纸,即英国的《金融时报》对世界银行国际比较项目的报告进行了报道,其中强调了中国的经济,有可能在2019年之前的5年,即2014年就超越美国。①

显然,西方世界最强大的情报机构和维护其经济主导权的国际组织,借助那些最聪慧的大脑,通过最精准的运算工具所得出的结论,应该被认真对

---

① Daniele Burgio, Massimo Leoni, Roberto Sidoli, "La Cia e il primato economico cinese", https://sinistrainrete.info/geopolitica/11654-daniele-burgio-massimo-leoni-roberto-sidoli-la-cia-e-il-primato-economico-cinese.html.

待。这对西方左翼和整个西方世界而言，不是一个无足轻重的政治经济现象。

第二节　不断完善的基础设施与工业生产体系

前面我们从宏观经济的总体发展水平的角度，说明了中国的经济实力不容小觑。以购买力平价标准来看，中国整体经济实力甚至已经超过了美国。

下面我们再从更具体、更微观的角度，对中国的基础设施建设、工业体系生产水平，以及中国生机勃勃的经济进行分析。这些都是中国经济更为本质性的内容，或者说是至关重要的载体。

关于基础设施建设，让我们以最能体现中国速度和中国活力的高速铁路建设为例。据悉，在2004年年初，中国着手准备像日本、德国等国那样在全国推广普及高铁。中国通过引进、消化、吸收国外先进技术，基本可以制造时速200—250公里的高速列车。自2008年起，中国又展开对时速380公里高速列车技术的攻关。中国的中国中车、25所大学和50多个实验室，以及500多家原始设备制造商开始了艰辛的技术探索。最终，在2010年，中国自主完成了车辆集成，并在此后进行了第二代、第三代的持续技术升级。中国的高铁技术目前已经稳居世界前列，能够参与全球高铁市场的角逐。截至2019年年底，中国本土高铁里程数突破3.5万公里，位居世界第一。[①]

中国之所以能够成为世界首屈一指的基建大国，是与其钢铁及其他重要建筑材料的生产水平和产能密不可分的。中国的钢铁产能占全球的一半左右，水泥产量也是常年位居世界第一。众所周知，水泥是一种非常重要的建筑材料，广泛应用于工业建筑、民用建筑、交通工程、水利工程、国防建设等新型工业和工程建设等领域。

基础设施建设是城市化的助推器。在1978年，中国共产党的第二代领导集体作出改革开放的重大决策之前，中国是一个彻头彻尾的农业国。当时，仅有不足20%的人口生活在城市里。中国农村人口规模庞大，且大部分生活在贫困之中。意大利有位

---

① "China High Speed Rail（HSR）Map & China Bullet Train Map 2021"，https：//www.chinadiscovery.com/china-maps/high-speed-railway-map.html.

优秀的学者和观察者朱力亚诺·马鲁奇（Giuliano Marrucci），他在其具有深刻洞见的《红色水泥》（*Cemento Rosso*）一书中指出，过去40年的全球化进程中，最应引起我们注目的是发生在遥远的东方的5亿多人的大迁移。这是一个值得深入研究的政治社会现象。与这一大迁移相伴的，是一种有一定计划性的、有序的城市化运动。这是始于1978年的、在中国共产党人引领下的，有史以来全球最大规模的城市化进程。到2019年，2/3的中国人生活在城市中，人口规模达到8亿多。如果您对这个数据没有明晰的认识，那么我做个简单的比较分析。当前生活在城市中的中国人口总量，是意大利全国总人口的14倍左右。全世界常住人口最多的前十大城市，有五个是中国的。北京和上海等中国一线城市的人口规模为2000多万，这大幅超过了欧洲中等国家的全国总人口。根据2021年公布的统计数据，到2020年，瑞典全国总人口为1011万，葡萄牙为1019万，比利时为1143万。[①] 像意大利米兰这样人

---

① "World Population Review", https：//worldpopulationreview.com/countries.

口超过百万的欧洲的大中型城市，在中国有90多个。在我看来，2020年中国的人均收入水平已经比较接近中等强国的水平。不过朱力亚诺·马鲁奇在他的书中指出，早在2005年，也就是十几年前，中国的基础设施建设就达到了中等"霸权国"的水平。在这里，我们使用了葛兰西提出的"霸权"概念，意指中国未来将在全球事务中发挥主导性作用，而非称霸世界。

中国的地下铁路，在全国40多个城市普及，总里程数高达7000多公里。这是美国的5倍。在中国，土地不是私有的。这是公共交通和基础设施能够得到充分快速发展的最重要因素之一。所有的土地都是公有的，且只能在有限的时间内以特许权的形式提供给建设者。建设者在非常激烈的公开拍卖中获得土地特许使用权。源自土地拍卖的收入，至少80%被用于地方公共支出，其中就包括不断提高基础设施服务水平。得益于经济的快速发展与繁荣，尽管中国的一线和二线城市均不同程度地感受到了巨大的人口压力，但每个城市居民可用居住空间的平均水平，已从20世纪80年代的不足4平方米增加到今天的35平方米了。

如此，我们便能够很好地理解并解释这样一个事实，即为何中国在2011年至2013年的短短两年间，所消耗的水泥量竟达到了美国整个20世纪使用的水泥的1.5倍。因此，我们可以说，中国是世界上最大的"建筑商"。

当然，我没有忘记，中国也是"世界工厂"。那么，让我们先看看近年来中国汽车工业的发展情况。汽车工业，是一个在传统工业领域占据举足轻重地位的行业。中国汽车的飞速发展，与高速铁路的普及几乎是同步的。在2005年，中国汽车市场的销售量不足500万辆；到2016年，这个数字惊人地上升至2360万辆。到2020年增至3000万辆，这是美国市场的2倍。中国的商用汽车销量在2020年也达到了450万辆。这些数字雄辩地表明，中国已经悄然地取代了美国在汽车制造和消费领域长期的霸主地位。中国目前是世界上第一大汽车生产国，同时也是最大的消费市场。

中国汽车制造业在今天所取得的成就，显然不是天上掉下的馅饼，它始于中国共产党第一代领导集体在新中国成立后所制定的工业政策。毫无疑问，大力发展汽车制造业是一种具有前瞻性的战略，也是一种务实且必要的工业政策。进入新能源汽车时代后，中国政府在 2017 年颁布了 30 余项设计安全管理、技术研发等方面的激励政策。中国在新能源汽车领域，很快步入世界前列。① 据《中国日报》的报道，中国新能源汽车产业发展迅猛，连续 5 年销量领先全球，2019 年中国新能源汽车销量达 120 万辆。② 此外，在手机、电脑等数码电子产品制造领域，中国的产能也是毫无争议地位列世界首位。早在 2016 年欧盟委员会公开发布的一项研究报告中，就对中国的工业产能进行了展示：彼时全世界 28% 的汽车、90% 的手机、80% 的电脑、60% 的电视机、50% 的冰箱及 40% 的船舶，都是由中国制造的。③ 此外，中国在太阳能电池板领域也拥有领先地位，是世界主要生产国和出口国。④

---

① M. Ecchelli, "Auto elettriche, la Cina è leader nel mondo", 18 ottobre 2017, in www.omniaauto.it.

② "Global NEV market share hits record high", http://www.chinadaily.com.cn/a/202009/28/WS5f71a60ca31024ad0ba7c68c.html.

③ "La Cina produce il 90% dei cellulari, l'80% dei computer", 31 ottobre 2017, in www.truenumbers.it.

④ "Cina primo produttore di energia solare al mondo nel 2016", 6 febbraio 2017, in www.ansa.it.

意大利比萨大学政治学系教授弗朗切斯科·坦布里尼（Francesco Tamburini），早在2013年就在《每日事实报》（*Il Fatto Quotidiano*）上撰文分析指出，中国在2012年的能源消耗量表明，它已经毫无争议地成为世界最主要的能源消费国之一。

当然，这是几年前的数据了。如今，中国肯定又取得了更多的进步。即便我们不考虑自2016年以来中国工业经济的发展，也不会再对中国为世界消费性生产资料所作的巨大贡献视而不见了。或者说，包括欧美国家在内的整个世界，已经对中国产生了巨大的依赖。如今中国在这个领域所形成的主导地位，与20世纪40年代至60年代的美国相当。中国消费品制造业的勃勃生机，一方面有其庞大的内部市场做支撑，另一方面也是一种建立在与世界各国经济形成了紧密且互惠互利的经济联系的基础上的繁荣。换言之，中国的消费品制造业的繁荣有其多边性基础，是在与全球市场的良性互动中形成的。可以说，在这20多年中，中国已经转型为名副其实的"世界工厂"了。

当然，我们也不能否认，中国在一些重要的生产领域，还落后于主要发达资本主义国家，甚至大大落后于美国。但是，我们也要看到，这个国家在奋力地追赶，以一种有激情、有目标、有计划的方式，进行着社会主义现代化建设。

自2018年中美贸易摩擦，或称"贸易战"发生后，美国收紧对华技术转让。我们都注意到，美国尤其疯狂地打压中国的企业——华为，联合其他国家和芯片企业停止向华为供货。这在短期内确实给中国的通信业发展带来了困难。但是，中国没有因此屈服，华为也没有，而是加紧了对芯片技术的研发。事实上，如意大利观察家马诺罗·德·阿高斯蒂尼（Manolo De Agostini）早在2015年所指出的那样，中国为增强在半导体领域的竞争力，已经做了大量的投资。[①] 同年，清华紫光集团董事长赵伟国在接受路透社采访时称，要将其领导的企业打造成仅次于英特尔和三星的世界第三大芯片制造商，并进行了巨额投资。但让我们深感遗憾的是，2021年，清华紫光集团却陷入了破产重组的困境。不过，与此同时，华为的芯片研发却有了令人振奋的突破。

---

① M. De Agostini, "Cina: pioggia di miliardi per diventare una superpotenza nei chip", 16 novembre 2015, in www.tiomshw.com.

大飞机的制造水平,往往被视为衡量一个国家民用航空工业,乃至整个工业体系发展水平的重要标准之一。毕竟,大飞机的设计、制造等过程十分复杂,需要综合运用动力学、材料学等多个学科的知识,对化工、电子、冶金等领域的制造能力也提出了相当高的要求。因此在很长一段时间内,全世界只有俄罗斯、美国、欧盟可以自主生产大飞机。2017年5月5日,中国商用大型客机C919试飞成功。这使得中国跻身世界自主制造大飞机国家的行列。C919飞机是中国首款按照国际先进适航标准研制的单通道大型干线客机,并拥有自主知识产权,最大航程超过5500公里,性能与国际新一代的主流单通道客机相当。如欧洲空客和美国波音公司一样,中国商飞公司也是选择了CFM国际公司为其提供启动动力装置。但是,C919的造价要低于空客和波音的同类型商用客机,并已经收到了几百份订单。尽管这些订单绝大多数来自中国本土,但随着时间的推移,也会像中国高铁那样赢得更多国家的青睐。

另一个能够说明中国在较为落后的工业制造领域奋力追赶的例子,是新能源汽车电池。这是美国埃隆·马斯克(Elon Musk)的特斯拉几年来一直称霸的领域。但是，中国企业的学习能力和自主创新能力是非常惊人的。到2021年，比亚迪汽车生产制造出的刀片电池引发了广泛关注。刀片电池是新能源汽车界的最新技术突破，被视为迄今为止最安全的电池。根据2020年8月发布的新闻，比亚迪自2022年第二季度将向特斯拉供应刀片电池。①

说到这里，我们几乎已经听到了那些惯常的质疑的声音：好吧，即便你所说的都是事实，数据也能够说明中国的工业实力，但所有这些引人注目的奇迹都是建立在中国蓝领工人相对低廉的用工成本及物质匮乏困境之上的。这种质疑，往往来自西方的左派，其中也不乏善意。但是，这表明了他们的确不够了解中国，往往基于欧洲晴雨表之类的研究机构的数据去作评判而没能认清真相。或者，他们过多地以西方中心主义者的立场去观察中国，缺乏对中国社会主义建设和中国共产党人追求社会理想的同情与共鸣。

21世纪中国工人的命运，并不是像西方多数左

---

① "Chinese automaker BYD said to offer Tesla 'Blade Battery'", April 7, 2021, in https://guardian.ng.

派所批评的那样"陷入匮乏的困境"之中。我们也有相关数字来反驳这种批评。2005年至2016年的11年间,中国工人的工资增长了2倍,这是个惊人的数字。2016年,中国制造业工人的每小时平均工资实际上等于3.60欧元,相较于2005年的1.20欧元增长了2倍,这是巨大的增长。中国制造业工人的实际工资水平,超过了巴西和墨西哥的水准,已经非常接近希腊和葡萄牙的蓝领工人水平了。

我们还可以进一步进行比较说明。早在2013年1月瑞士银行瑞士信贷(Credit Suisse)进行的一项调查就显示,按购买力平价计算,中国30岁青年人的平均月薪甚至高于意大利同龄人。

第三节 中国具备强大的创新能力和创造力

我们一直都注意到,有很多人将中国定义为征服了全世界的自由西方的"超级模仿者"。但事实上,这个正在崛起中的东方国家具备不容小觑的创新能力和创造力。2015年,负责监督各国共享专利认可制度的世界知识产权组织(WIPO)就在其报告

《世界知识产权指标（2016年）》中指出，中国在信息通信和医疗领域的专利申请量达到了全世界总量的1/3，位居世界第一。这反映出中国对知识产权保护的重视，以及中国在信息通信和医疗领域的长足发展。中国在知识产权保护和知识创新方面，已经走在了世界前列。2020年，世界知识产权组织在其报告中称，中国2019年递交的国际专利申请量58990件，超过了连续40年蝉联第一的美国（2019年为57840件），跃居世界第一。[①] 2020年中国继续蝉联世界第一，提交了68720份申请，而美国则提交了59230份。中国的增长率更高，比上年度增长16.1%，高于美国的3%。[②]这意味着中国从知识产权引进大国向创造大国的转变。这种转变与2013年以来，中国的知识产权法律制度体系逐步完善，知识产权行政保护和司法保护显著加强，无不密切相关。如今，我们了解到，中国政府在2021年9月颁发了《知识产权强国建设纲要（2021—2035年）》，部署

---

① "China becomes world's top patent filer-U. N.", March 2, 2020, https：//www.rappler.com.

② Emma Farge, "China Extends Lead Over U. S. in Global Patents Filings, U. N. Says", March 2, 2021, https：//www.usnews.com.

了"建设面向社会主义现代化的知识产权制度""建设支撑国际一流营商环境的知识产权保护体系""建设激励创新发展的知识产权市场运行机制""建设便民利民的知识产权公共服务体系""建设促进知识产权高质量发展的人文社会环境""深度参与全球知识产权治理"六个方面的重点任务。这将促进中国的知识产权工作,从追求数量向提高质量转变全面提速。我们对此颇感欣喜,也充满期待。

第四节　中国的进出口贸易与庞大的银行业

中国经济的勃勃生机,还体现在其繁荣和规模庞大的进出口贸易上。中国正在成为各主要发达经济体的最主要贸易伙伴。由于过去几年的巨额贸易顺差,中国已成为世界第一大出口国,在世界最大进口国中排名第二。中国始终实行相对开放的对外贸易政策。据世界银行统计,2019 年,中国对外贸易总额占 2019 年 GDP 的 35.7%。中国的主要出口产品包括无线电话传输设备(9%)、自动数据处理机器和装置(5.9%)、电子集成电路和微组件(4.1%)

及石油（1.5%）。另一方面，中国主要进口电子集成电路和微组件（14.8%）、石油（11.5%）、铁矿石（4.8%）、石油气（2.5%）和汽车（2.3%）。①

贸易已成为中国经济日益重要的组成部分，并已成为其经济现代化的重要工具。据世贸组织 2020 年报告，2019 年中国货物出口 24994 亿美元，进口 20784 亿美元，服务贸易进出口总额分别为 2816 亿美元和 4970 亿美元。2019 年中国出口总体增长 19.5%，进口增长 18.7%。根据世界银行 2019 年数据，中国货物贸易顺差 4252 亿美元，高于 2018 年的 3951 亿美元。2019 年的整体贸易顺差（包括服务）为 1641 亿美元，而 2018 为 1030 亿美元。②

中国的主要合作伙伴包括美国、日本、韩国、越南、澳大利亚和德国。鉴于美国是中国的主要贸易伙伴，中美经济关系日益紧张加剧了 2020 年的贸易不确定性（2019 年中国对美国的贸易顺差为 2958 亿美元，而 2018 年一度创历史新高，达到 3233 亿

---

① "Chinese foreign trade in figures", in October, 2021, https://santandertrade.com.
② Ibid.

美元)。尽管澳大利亚也追随美国,意欲将"贸易战"作为重要手段遏制中国,但对中国的影响较小。为应对这些外部挑战,赢得更大的战略发展空间,中国政府一直在通过采取更宽松的经济政策,以及与周边国家保持良好的经济关系,以减轻未来增长面临的风险。2020年11月15日,中国与其他14个印太国家签署了《区域全面经济伙伴关系协定》(RCEP)。该自由贸易协定是历史上最大的贸易协定,覆盖全球经济总量的30%。它包括东南亚国家联盟(东盟:文莱、柬埔寨、印度尼西亚、老挝、马来西亚、缅甸、菲律宾、新加坡、泰国和越南)和东盟的自由贸易协定伙伴(澳大利亚、中国、印度、日本、新西兰和韩国)。《区域全面经济伙伴关系协定》涵盖商品、服务、投资、经济和技术合作。它还为电子商务、知识产权、政府采购、竞争和中小企业创造了新规则。

中国工商银行是全球最大的上市公司。早在2016年意大利企业家联合会的《24小时太阳报》就承认,中国银行业的发展也将超越西方主要经济体。2021年5月,福布斯全球企业2000强榜单公布,中国工商银行连续17年居世界首位。其中跻身前十的中国金融上市企业还有位列第四位的中国建设银行，分别排名第六位和第九位的中国平安和中国农业银行。此外，美国的摩根大通排名第二，位列前十的美国企业还有伯克斯尔哈撒韦、苹果、美国银行和亚马逊。① 榜单前十名的中国金融企业基本都是国有企业（中国国有资本也持有少量中国平安股权），它们在2008年至2009年的全球金融经济危机中，为维护中国经济的稳定作出了重要贡献。

根据英国《银行家》（*The Banker*）杂志2021年7月发布的2021年度世界银行1000强排名（Top 1000 World Banks），中国最大的四家银行——中国工商银行、中国建设银行、中国农业银行和中国银行连续四年于排行榜中名列前茅。这一排名以一级资本为标准，此为衡量银行实力的关键指标。中国内地共有144家银行上榜，其一级资本规模（2.96万亿美元）接近美国的2倍（1.58万亿美元）。美国共有178家上榜银行。尽管面对新冠肺炎疫情的

---

① "Icbc è ancora l'azienda quotata più grande del mondo. In Italia domina Enel", il 13 Maggio, 2021, https://forbes.it.

挑战，中国在2020年的一级资本总额和总资产仍分别增长了18.6%和18.4%。① 要知道，中国促进银行业发展的目的，不是为了1%的人口的利益，而是为了全体人民的福祉。

---

① "Top 1000 World Banks 2021 Results", https://www.thebanker.com/Banker-Data/Top-1000.

第三章

全面建成小康社会与中国式现代化新征程

二战后,南欧的意大利、希腊,以及亚洲的泰国、韩国等多个资本主义国家也一度出现了"经济奇迹"。但是,中国式现代化,不仅仅是经济层面的,还包括政治、社会、生态等诸多领域的和谐发展。其中,消除贫困就是中国式现代化的重要功绩。这恰是资本主义现代化所忽略的。

第一节 实事求是地制定经济发展和脱贫政策

"小康社会"是邓小平在 20 世纪 70 年代末 80

年代初规划中国经济社会发展蓝图时提出的战略构想。1979年，邓小平在会见日本首相时说，中国式的四个现代化与发达资本主义国家的现代化概念不同。我根据与中国学者的交流，以及阅读的相关材料作出了这样的判断：在那个年代，邓小平深刻意识到了中国与西方发达资本主义世界的巨大差距，因此，在阐述中国式现代化的时候，他特别实事求是地强调：这是一个与资本主义国家生产力和工业水平高度发达、人均国民生产总值动辄以万计的美元以上的现代化不同的概念。中国的现代化，首先要达到的目标是"小康之家"。建设小康社会的最核心内容，就是反贫困。贫困不是社会主义。邓小平提出的小康目标，是中国共产党领导层在实践中将20世纪中国发展目标具体化的理论成果，也是对此前"全面实现四个现代化"设想的调整。

脱离实际的"大跃进"运动与"文化大革命"中的曲折探索，并未能改善广大中国农村和农民的贫困状态。以邓小平为核心的中国第二代领导集体，深刻认识到了中国存在的粮食问题，以及农村集体合作社在激发农民生产积极性上的局限性。20世纪

80年代初，中国共产党开始了家庭联产承包责任制的改革尝试。这次改革，也是秉持"摸着石头过河"的原则。解放思想、实事求是，是中国共产党人实施改革开放的思想路线。在这一精神的鼓舞下，安徽省及中国多地农民在党的领导下积极探索，开始实施包产到户、包干到户等形式的生产责任制，拉开了中国农村改革的序幕。

自此，中国的广大农民以家庭为单位，向集体经济组织（主要是村、组）承包土地等生产资料和生产任务。这进而成为中国现阶段农村的一项基本经济制度。在农业生产中，农户作为一个相对独立的经济实体承包经营集体的土地和其他大型生产资料（一般做法是将土地等按人口或人劳比例分到农户经营），按照合同规定自主地进行生产和经营。其经营收入，除按合同规定上缴一小部分给集体及缴纳国家税金外，全部归于农户。根据官方数据，1978年至1985年人均粮食产量增长了14%，平均每年有超过1780万人脱贫。这为此后的攻坚脱贫创造了良好的先决条件（包括基础设施的大大改善等），给最贫穷的中国人（和世界）带来了巨大的好处。① 1981年至2001年中国贫困人口总量下降了一半。我想,这项改革应是其中不可忽视的重要影响因素之一。

在1949年,中国是世界上最贫穷的国家之一。直到2000年,中国才被列为贫穷国家行列。然后,中国甚至未进入中等贫穷国家行列,如今则上升到中等收入国家之列。有必要将之与印度进行比较。今天,中国的人均收入几乎是印度的3倍,而在20世纪70年代中国仍落后于印度。到2007年,印度仍有80%的人口每天的生活费不足0.5美元。

世界银行对此进行了研究和分析,并强调了以下几个方面:

第一,20世纪80年代上半期中国贫困人口急剧减少(这是改革开放和四个现代化建设取得卓越成就的结果),此后几年形势趋于稳定。到20世纪90年代中期,中国的贫困人口又一次大幅减少,此后直到2005年左右,情况再次趋于稳定。

---

① Daniele Burgio, Massimo Leoni, Roberto Sidoli, "La Cia e il primato economico cinese", https://sinistrainrete.info/geopolitica/11654-daniele-burgio-massimo-leoni-roberto-sidoli-la-cia-e-il-primato-economico-cinese.html.

第二，中国减贫成效显著，主要得益于农村农业生产领域的改善；而工业和服务业的巨大发展带来的积极影响相对较少——也是因为中国城市的贫困发生率较低。

对此，我要补充的是，事实上，中国第二产业和第三产业的发展带动了城镇化进程的加速，同时，广大农民大量涌入城市和工厂务工，提高了收入。这都对中国农村的减贫事业产生了巨大的影响。

美国著名学者阿尔伯特·帕克（Albert Park）早在十几年前（2009年）就曾表示：值得称赞的是，中国政府始终将减贫放在政治议程的首位。向前迈进的挑战在于，能够对贫困本质的变化保持清晰的认识，采取前瞻性的措施，并寻找到最能实现和谐公平社会目标的策略。①

中国政府基于本国的现实情况，即毛泽东同志所说的"实事求是"，采取了非常务实的减贫措施。

---

① 本段话转引自"La più grande vittoria sulla povertà che la storia ricordi"，http：//lacrescitafelice.blogspot.com/2013/08/62 - la-piu-grande-vittoria-sulla-poverta.html？m＝1。

中国的领导层及相关公共机构，都对减贫作出了有力的承诺。

中国共产党实事求是的思想路线在改革开放以来的脱贫攻坚中发挥了极为重要的作用。中国共产党不断地从20世纪70年代以来的成功或失败的探索中总结经验和教训。从邓小平到习近平，中国共产党的核心领导层从不僵化地、教条地采用单一模式去应对贫困问题。在一个地方取得成功的政策，被"移植到"别处落地生根时，往往会有坚实的调查研究和经验总结作为支撑，并做出适当的调整。20世纪80年代，中国政府成立了专门研究农村问题的中国农村发展研究中心。我们也了解到，在中国的重要智库、知名大学都设立有专门研究中国农村发展问题的部门。这些机构组成的智囊团，为中国政府推进农村地区和农业的深化改革，作出了重要贡献。

从实践中产生的合理政策与各级公共部门的有力联动发挥了不可替代的作用。中国宏观经济的稳定性（特别是避免通货膨胀冲击）是有利于减贫的。2006年1月，中国政府终止了向广大农民征税补贴城市消费者的政策。此前，广大中国农民承受了较重的税收，而这些税收往往被用于为工业化发展提供财政支持。

价格改革是中国改革的重要内容之一，这对中国的脱贫攻坚产生了重要作用。中国的价格改革，是将其计划经济的价格体系和价格管理体制向市场经济的价格体系和价格管理体制转换。当然，我们西方的马克思主义者对食品市场的自由化持谨慎态度。不过，中国的配额制度依然在发挥作用。而价格改革后，粮食供应价格上涨有助于减少中国农村的贫困规模。尽管绝大多数的外国直接投资是在中国的大规模减贫之后涌入的，但总体而言，经济扩张政策通过减少农业的赡养人口，在第二产业和第三产业创造了大量就业机会。正如前文所分析的，农村人口向城市地区的迁移，对存在于农村地区的贫困问题的消除有积极意义。

第二节 20世纪八九十年代的脱贫攻坚历程与成就

在20世纪80年代中期，中国政府开始了大规模的脱贫攻坚战。1986年，中国设立第一批反贫困机构，设立专项资金。同时，中国政府首次引入核算贫困标准的恩格尔系数，即食品支出与收入的比值。

真正的转折点发生在1994年。1994年2月，中国的全国扶贫开发工作会议在北京召开。在此次会议上，中国政府决定实施"国家八七扶贫攻坚计划"，力争在20世纪的最后7年里，基本解决全国8000万贫困人口的温饱问题。这被视为一个伟大而艰巨的战略计划。贫困的家庭自此有望稳定地得到食物和衣物。每个家庭平均应该有0.16英亩的果园或0.16英亩的耕地；每个家庭至少有一个人有机会在城市企业或发达地区工作。

改革开放初期的中国减贫成就是卓著的。在1978年至1984年，中国农村贫困人口下降幅度最大，几乎减半。在此期间，农民人均纯收入年均增长16.5%。以每天1美元的国际标准贫困线衡量的城市贫困率，也已从1990年的31.5%下降到2005年的10.4%。在这一时期，全世界没有一个发展中国家做到这一点，而中国却做到了。1986年至2003年，近450万英亩的土地被用于种植农作物，近

7500万人获得了饮用水。要知道，在此的20年前，2.5亿中国人无法随时获得可饮用水，而现在绝大多数中国人都可以获得宝贵的可饮用水。中国贫困地区近83%的村庄已通路、通电、通电话、通广播和电视。农村办学条件明显改善，辍学率下降7.8%。农业领域通过技术培训和采用新的生产方法提高了生产率，提高了农作物的产量。

2004年，政府向云南省西南地区投资了3.63亿元用于改善贫困居民的饮食和居住条件。由于云南地理位置偏远，交通不便，至今仍是中国贫困人口最多的地区之一。此外，西藏自治区也获得3600万元投资，用于改善能源、节水、道路建设和饮用水的条件。这惠及了1万名藏民。中国的国家扶贫计划始于1994年，结束于2000年。2001年启动了另一个计划，到2010年结束。中国政府用于应对贫困问题的财政资金从1980年的1.21亿美元增加到每年15亿美元。中国在农村和农业领域脱贫攻坚的成就，尤其值得关注。1978年至1995年，农民人均收入从134元增加到1578元，增长了12倍。根据中国统计局的数据，1978年有31%的人口营养不良，即每人每天摄入热量2100卡路里以下。到

1985年，营养不良人口规模减半，世界银行估计人数为8900万。7年内约1.5亿人生活水平的提高是前所未有的。这是在没有任何具体扶贫项目的情况下实现的。经济的总体增长产生了类似水涨船高的效果。

以工代赈因其在中国反贫困领域中的巨大影响和作用，而特别值得关注。以20世纪80年代为分界线，新中国成立后以工代赈建设可分为救灾和关注反贫困两个阶段。与欧美国家实行以工代赈应对经济危机带来的大量失业问题有很大不同的是，中国共产党和中国政府最初提出的以工代赈是应对自然灾害作出的选择。中国是一个自然灾害频发的国家。灾害发生后，灾民生活困难需要国家救济，但是短期救济作用有限，而且中国的财政资源有限，不可能满足全部灾民的需要；因此，中国共产党鼓励受灾群众通过自力更生、发展生产的方式从根本上战胜因灾导致的困难。1950年2月27日，董必武在中央救灾委员会成立大会上作了《关于深入开展生产自救工作》的报告，首次将中共中央人民政府的救灾工作方针表述为"生产自救、节约渡荒、群众互助、以工代赈，并辅之以必要的救济"。

20世纪80年代，中国反贫困战略不再局限于对贫困地区进行单纯的财政补贴，而是开始提升贫困地区改善生产环境和个人发展的能力。1985年，中国政府开始实施了首个以工代赈的反贫困计划。与反贫困的社会责任结合后，以工代赈通过提升贫困地区的就业水平，推动中国扶贫事业不仅具备"输血"功能，更开始形成"造血"功能。"七五"期间，通过该计划，中国政府重点关注331个落后农村地区，推动了农村发展和公共工程项目的建设。1985年至1991年，通过以工代赈方式，修建了131000公里道路、7900座桥梁；通过开凿疏通2400公里的沟渠河道，为2000万人和1300万头牲畜提供了可饮用水。到1994年，中国仍然生活在贫困线以下的人群，主要居住在偏远的山区。以工代赈所取得的反贫困成果是令人震惊的。从1986年至2000年的15年间，中国贫困农村地区新增基本农田1630万亩，超过7725万人、8398万头牲畜获得可饮用水。到2000年年底，贫困地区通电、通路、通邮、通电话的行政村占比分别为95.5%、89%、

69%和67.7%。① 这些脱贫成果,在我们看来,都是奇迹般的成就。

第三节　全面建成小康社会,开启全面建设社会主义现代化国家新征程

中国政府的反贫困努力并未止步于此。2001年,随着中国经济的普遍好转,政府决定将贫困线提高40%。这一决定影响的人口规模扩展了4倍多。2002年11月,中国共产党第十六次全国代表大会召开。十六大审议并通过了《全面建设小康社会,开创中国特色社会主义事业新局面》的报告。正如报告标题所示,中国共产党确立了2020年全面建设小康社会的奋斗目标。中国政府对小康社会的标准设定了具体的量化指标,如人均国内生产总值超3000美元,城镇居民人均可支配收入达1.8万元,农村

---

① 本节数据均引自 Gianni Cadoppi, "Lotta alla povertà e alla disuguaglianza in Cina. Una risposta a Thomas Piketty", https://www.marxismo-oggi.it/saggi-e-contributi/saggi/450 – lotta-alla-poverta-e-alla-disuguaglianza-in-cina-una-risposta-a-thomas-piketty。

居民家庭人均纯收入达8000元,以及恩格尔系数低于40%等。此外,城镇化率、人均住房面积、高等教育入学率、千人医生数及城镇居民最低生活保障率,也都有相应的标准。换言之,中国实现建设小康社会目标后,其义务教育、基本医疗、居住都有保障,贫困地区基本公共服务主要指标接近全国平均水平,地域发展差距扩大趋势得到扭转。

中国共产党人很快投入到更加艰巨的反贫困斗争中。如2003年,地方政府在反贫困运动中投入了3.63亿美元。2004年10月,在"国际消除贫困日"当天,中国举办了第一届中国消除贫困颁奖大会,从各行各业评选出十名扶贫典型人物予以表彰,这激励了更多的人投入到这场世纪脱贫攻坚战之中。

2007年10月,中国共产党召开第十七次全国代表大会,对全面建设小康社会提出了更丰富的内容。中国政府对小康社会的标准也有了新的调整。2011年,中国进一步提高贫困线标准,此次提高的幅度超过了450%。2012年11月,中国共产党召开了第十八次全国代表大会。在十八大的报告中,中国共产党正式提出全面"建成"小康社会。注意,这一次中国共产党使用的词是"建成"而不是"建设"。

2017年，中国共产党召开第十九次全国代表大会。中国共产党在其十九大上所通过的报告中提出，既要推进国家全面建成小康社会、实现第一个百年奋斗目标，又要乘势而上开启全面建设社会主义现代化国家新征程，向第二个百年奋斗目标进军。从2017年到2020年的3年，是中国共产党带领中国人民实现全面建成小康社会的至为关键期。中国共产党提出，要统筹推进国家的经济建设、政治建设、文化建设、社会建设、生态文明建设。我们注意到，中国全面建成小康社会仍以经济建设为首要内容，但却不再是唯一的内容。政治、文化、社会及生态文明等领域的建设都悉数在列。中国共产党总书记习近平对投入这场伟大征程的党员提出了这样的希望，要赢得防范化解重大风险、精准脱贫、污染防治的攻坚战，使全面建成小康社会得到人民认可、经得起历史检验。在中国共产党的十九大召开的两个月后，中共中央的经济工作会议宣布将脱贫攻坚与风险控制、污染防治列为未来3年要打赢的三场"硬仗"之一。

自此，为赢得这场艰巨而又伟大的脱贫攻坚战，为找到"真正的贫困户"、实现"真正的脱贫"，中国建立了全国贫困户登记数据库，对脱贫进展情况进行动态管理。到2019年，这个数据库系统记录了12.8万个村庄和29万个家庭的数据。根据数据库的统计，中国的贵州、湖南、广西、四川和云南五个省为中国贫困地区最多的省。

据中国国务院扶贫办主任刘永富介绍，2012年中国共计多达1亿多人被政府确定为贫困人口。2012年至2016年，就有一半以上的贫困人口脱贫。在这5年期间，平均每年有130万贫困人口跨越了贫困线。旨在减少贫困的这场攻坚战，通过合理的资源分配，迅速提高了中国农村许多家庭的生活水平。到2018年，中国已使超过8000万农村贫困人口脱贫，农村贫困人口减少到1700万以下，多达436个县摘掉贫困标签。中国贫困率降至3%以下。[1]

我们注意到，中国国家主席习近平在2020年的新年贺词中说，2020年是具有里程碑意义的一年。中国将全面建成小康社会，实现第一个百年奋斗目标。在此后的一年多时间里，我们始终在关注着中

---

[1] Li Lei, "More funds set aside for poverty fight", https://global.chinadaily.com.cn/a/201909/28/WS5d8e9d3aa310cf3e3556dffc.html.

国脱贫攻坚战的胜利消息,也关注着中国将何时全面建成小康社会。尽管有新冠肺炎疫情的影响,截至2020年5月,中国大陆95%以上的贫困地区农民工在政府的帮助下得以重返工作岗位,82%左右的扶贫项目得以复工。在2020年上半年,中国的地方政府加快剩余52个贫困县和1113个贫困村的脱贫攻坚进程,确保这些地区的贫困民众享受义务教育、基本医疗和安全住房。①

根据《中国日报》的报道,到2020年,乡镇贫困农民就业人数从2015年的1227万人增加到3243万人;生态扶贫工作落地生根,近500万公顷贫困地区退耕还林还草,成立了2.3万个植树造林合作社,约110万贫困人口获得了护林员工作,实现了扶贫和环境保护的双赢。此外,中国的教育、医疗、社会保障、交通等,都获得了更全面的完善和提升。中国的贫困人口不再为温饱问题而发愁,义务教育、基本医疗、安全住房、饮用水得到了保障,获得感

---

① Wang Keju, "Poverty alleviation work continues despite outbreak", https://www.chinadaily.com.cn/a/202005/18/WS5ec262b4a310a8b2411568e5.html.

和幸福感明显增强。贫困人口人均纯收入由2015年的2982元增加到2020年的10740元，年均增速高于农村人口20%。工资收入占营业收入比重同比上升，转移收入比重逐步下降。贫困地区人民的精神面貌，总体上得到了很大改善。①

这并不意味着反贫困运动的终结。中国政府建立了监测帮扶机制，防止返贫。这涉及监测已摆脱贫困但仍处于危险境地的家庭、处于贫困边缘的家庭，以及因新冠肺炎疫情而收入急剧下降的家庭。在此系统的检测下，反贫机构将提供有针对性的援助，以防止人们陷入贫困或重新陷入贫困，并防止系统性返贫。

2021年7月1日，习近平在庆祝中国共产党成立100周年大会上，向全世界庄严宣告："经过全党全国各族人民持续奋斗，我们实现了第一个百年奋斗目标，在中华大地上全面建成了小康社会，历史性地解决了绝对贫困问题，正在意气风发向着全面

---

① "China's poverty alleviation miracle"，http：//www.chinadaily.com.cn/a/202105/26/WS60ae0dc0a31024ad0bac19c4.html.

建成社会主义现代化强国的第二个百年奋斗目标迈进。"①

这令所有真正关心中国，心系中国发展的西方友人感到振奋。尽管全球仍有约7亿人生活在极端贫困中，许多国家贫富差距不断扩大，但中国如期打赢了脱贫攻坚战，提前10年实现了联合国2030年制定的减贫目标。中国的脱贫攻坚成就和经验是具有全球意义的。据我的观察和总结，应从以下几点关注和借鉴中国全面建成小康社会的经验：始终加强对能够团结动员全国和全社会各种力量的强有力的政治核心的建设——这主要是指始终不忘初心、牢记使命的中国共产党所发挥的作用；保持政策定力，如坚持改革开放；始终坚持人民主体地位，激发内生动力。

可以说，在中国共产党建党百年的2021年，中国共产党领导下的中国，在经济、社会、国防、科技、教育等多个重要领域，都大大超越了邓小平在20世纪70年代末所设定的"小康社会"的主要发

---

① 习近平：《在庆祝中国共产党成立100周年大会上的讲话》，人民出版社2021年版，第2页。

展指标。中国共产党在这40多年的脱贫攻坚中,始终根据现实变化调整其中国式现代化的目标,成功地带领人民迈进了新时代,建成了小康社会。这不由得令人感叹,中国共产党人理论联系实际、实事求是、反教条主义的能力,在中国式现代化征程中得到了淋漓尽致地体现。

第四章

中国式现代化之路取得成功的关键

　　社会主义中国在今天所获得的成功,其意义丝毫不亚于20世纪苏联之于西欧国家的影响。后者迫于压力,建设了福利国家。但是,苏联在1991年12月解体了,戈尔巴乔夫把权力拱手交给了叶利钦等人。这是世界历史的一个分水岭。坚持走社会主义道路的国家,所剩无几。如今在世界上具有巨大影响力的社会主义国家,唯有中国。因此,我想试着发掘中国政府和中国共产党目前能够获得成功的一些根源因素。自然,中国式现代化之路能够取得今天的成就,背后的影响因素是很多的,甚至是难以穷尽的。

外部客观环境是非常重要的,这一点,我会穿插着进行简要分析。这些年,世界多个发展中国家所面临的外部世界都是相似的,为何只有中国能够在短短几十年内实现跨越式发展呢?我想,还是应该从中国的内部去找原因。这其中最主要的因素,就是中国共产党及其领导下的人民所具备的特质。

第一节　中国共产党在重要历史节点的决定性作用

中国共产党有着优良的传统和卓越的实事求是、理论联系实际的能力。这使得中国共产党往往能在关键的历史节点,独立自主地作出正确的选择。无论是在新中国成立前的推翻"三座大山"的斗争中,还是在新中国成立后的社会主义建设探索及改革开放的实践中,中国共产党在决定中国何去何从的重要历史关头,总能发挥决定性的积极作用。

正如意大利著名的哲学家多米尼克·洛苏尔多(Domenico Losurdo)所言,华盛顿共识在世界称霸了这么多年,以至于世人都忘记了还有其他的可能。

20世纪80年代苏联戈尔巴乔夫的"改革与新思维"表明,他以所谓"人道的民主的社会主义"的名义放弃了科学社会主义的价值观。这导致他的国家陷入了混乱,最终走向了悲剧性解体。在此之后,帝国主义和世界资本主义的野蛮精神立即失去了外部约束。东欧剧变、苏联解体后的世界,是一个完整的、无限大的市场,可以通过诱导、欺骗、经济渗透甚至战争进行征服。福山等保守派学者所推崇的自由主义、理想主义和"历史终结论"等反辩证概念,被视为解释现阶段生成的关键因素。西方保守派认为,只有资本主义才是自然的、永恒不变的。

在20世纪80年代末90年代初,中国特色社会主义的改革与探索也遭遇了新的挑战。中国共产党受到了一股"改良主义"潮流的冲击。这股潮流要求党与国家实现更大的分离,甚至在政治文化领域搅动起了不可小觑的自由主义意识形态。这股潮流还否定了中国市场经济改革的社会主义性质,意在推动整个国家最终向资本主义转型。而中国共产党如果也屈服于旨在建立资本主义美式民主的改良主义,那么中国的社会主义将仅仅存于字面意义上了。以邓小平为核心的中共中央与这股潮流进行了斗争,保证了中国的社会主义发展方向。

对于普通人而言，往往要通过回顾历史，才能认识到某一年或某几年是一段关键的时期。从现在回过头去看，我们认识到20世纪80年代末90年代初毫无疑问是中国改革开放事业的关键历史节点，但中国共产党的领导人在当时就敏锐地意识到并把握住了时机。当时的中国不仅存在上述右倾改良主义思潮，还存在否定市场经济改革的"左"倾潮流。后者对市场经济改革之于本国经济社会发展的巨大意义，以及中国市场经济的社会主义前提视而不见。中国共产党再一次在国家发展的重要历史节点发挥了至关重要的作用。面对国内存在的对改革的争论、对既有发展路线的质疑，时年88岁高龄的邓小平前往中国南方的武昌、深圳、珠海、上海等地视察并发表重要谈话，即著名的"南方谈话"。邓小平从理论上深刻回答了长期困扰和束缚人们思想的许多重大认识问题，他尖锐地指出，中国"不坚持社会主义，不改革开放，不发展经济，不改善人民生活，只能是死路一条"。[①]

[①] 《邓小平文选》第3卷，人民出版社1993年版，第370页。

第四章 中国式现代化之路取得成功的关键

中国在20世纪90年代的发展,是在一种不太友好的国际氛围中实现的。但是,中国的领导人对国家未来的发展始终保持着战略定力,以其远见卓识勾勒并不断完善了中国式现代化的蓝图。正是在这样的背景下,在称霸世界的华盛顿共识的包围中,"北京共识"出现了。这是美国《时代》周刊高级编辑、美国著名投资银行高盛公司资深顾问乔舒亚·库珀2004年5月在英国伦敦外交政策中心发表的一篇论文,在文中他提出了当代经济发展的"北京共识"概念。"北京共识"往往被西方人理解为,中国根据自身国情寻求适合自己的发展道路。换言之,是指中国对如何在发展中国家进行经济和社会建设的探索。在这一进程中,孤独的中国在华盛顿共识包围中,击退了意在通过推动中国特色社会主义发展新自由主义式市场经济而滑向资本主义的企图。

东欧剧变、苏联解体后,如果中国共产党也屈服了,开始依赖帝国主义国家而没有选择走独立自主的道路,那么,这个国家及其人民都将成为资本主义疯狂剥夺和资源攫取的对象。如果中国共产党屈服了,党会被严重渗透,进而发生严重内爆,随之而来的将是整个国家的分裂、崩解——或许从西藏要求自治开始，多米诺骨牌的第一块如果就此倒下，后果将不堪设想。幸运的是，中国共产党在20世纪80年代末90年代初顶住了压力，坚定地朝着所拟定的中国式现代化目标继续前进。

中国共产党之所以能够在重要历史节点发挥积极的决定性作用，我想，这与其始终能够保持建党初心有关。如若不然，如何能经受住百年的血与火的淬炼，如何能在中国的社会革命浪潮和历史演进中始终扮演先锋角色？马克思主义中国化，也是中国共产党始终保持昂扬的、高水平的战斗力的秘密所在。中国共产党领导的革命与社会主义建设进程，还通过反对教条主义，并与不同阶段的具体现实紧密相联的方式，赋予马克思主义鲜活的生命力、突出的历史现实性和民族性。这就是习近平总书记所一直阐发的决定了中国特色社会主义道路选择的马克思主义立场。中国的马克思主义与西方的唯心主义的、存在主义的马克思主义的最大不同之处在于，前者是反空想的，是实事求是的，是辩证唯物的。中国共产党的中国化马克思主义，不仅是马克思主义政党的指导理论，还与有着几千年悠久历史的中华文明及中国人民，有着非常紧密的联系。习近平总书记多次强调了拥有几千年灿烂文明对中国共产党执政所产生的有益启示。我们意大利共产党人近年来在对中国经验的关注中逐渐了解到，中国共产党成功地将"修身、齐家、治国、平天下"的家国情怀与马克思主义政治主张统一起来了。

已故欧洲著名意大利籍马克思主义哲学家、中国特色社会主义的坚定支持者多米尼克·洛苏尔多，曾对西方马克思主义的致命缺陷进行过鞭辟入里的批判。他指出，西方人文主义的唯心主义与马克思主义在西方的遭遇，造就了一种具有突出的空想色彩的西方马克思主义。这种马克思主义抛弃了辩证唯物主义和历史唯物主义，甚至在理论和实践中都抛弃了劳资冲突和生产力发展等核心问题，转而将个人绝对自由视为最根本的问题。这完全与实现社会主义的路径，以及马克思主义的"整体性"背道而驰。

第二节 中国共产党治理理论与治理能力的与时俱进

中国的经济建设成就是有目共睹的，但这也对中国的政治制度提出了改革的要求。这是我们基于马克思主义经济基础与上层建筑的辩证关系的基本原理作出的判断。而在中国，这个艰巨的任务自然落在了其执政党——中国共产党的肩上。中国共产党，是中国政治制度的核心本质与改革动能所在。

中国共产党提出的"国家治理能力现代化"这个概念本身，就表明其在推进治理体系现代化、提升治理能力方面积累了丰富经验。我们从对中国共产党领导人公开的讲话，以及对中国共产党加强对党的建设和管理的观察中，也发现中国共产党正在加快其治理能力的现代化。尤其2012年中国共产党的十八大以来，中国加快推进治理体系和治理能力现代化，取得明显成效。正如习近平主席在庆祝改革开放40周年的讲话中所说，深化改革的首要目标是完善和发展中国特色社会主义，推动国家治理体系和治理能力现代化。

那么，中国共产党的国家治理能力现代化体现在哪些方面？根据我们与中国学者的交流，我们了解到中国共产党执政能力的与时俱进，体现在崇高的执政目标、科学的执政理论、有效的执政方式、卓越的执政理念、强大的执政队伍和广泛的群众支持等方面。

2019年3月中国国家主席习近平访问意大利。3月22日这一天，意大利众议院议长菲科向习近平主席提问："您当选中国国家主席的时候，是一种什么样的心情？"习近平的回答是："我将无我，不负人民。"习近平的"不负人民"，凝结的是中国共产党"全心全意为人民服务"的宗旨，彰显的是中国共产党在中华民族伟大复兴进程中为人民谋幸福的崇高目标追求。

中国共产党在2004年召开的十六届四中全会上提出，必须坚持科学执政、民主执政、依法执政，不断完善党的领导方式和执政方式。中国共产党的科学执政理论，是在马克思主义指导下，结合中国实际，在不断探索和遵循共产党的执政规律、社会主义的建设规律、人类社会的发展规律中形成和完善的。中国化的马克思主义，就是中国共产党的科学执政理论。中国化，意味着中国共产党将马克思主义与中国具体国情相结合，还意味着其对数千年中华文明的政治与文化智慧的吸收与升华。

民主执政、依法执政，是中国共产党构建有效执政方式的重要内容。马克思主义唯物史观告诉我们，执政党的有效执政方式，绝不能脱离国情而抽象地讨论优劣、决定取舍。体现中国共产党民主执政的最好方式是"两会"制度，即中国人民代表大会制度和中国人民政治协商会议制度。这两大制度是中国共产党根据本国国情在政治制度史上的一种创新。这不是资本主义的代议制，而是社会主义的人民民主专政，国家的权力属于人民。中国人民政治协商会议是中国的多党合作和政治协商制度的重要机构载体，一直发挥着政治协商、民主监督和参政议政的职能。这是中国共产党人促进团结，构建统一战线的了不起的举措。习近平总书记在2021年纪念中国共产党建党100周年大会上所说的"人民就是江山，江山就是人民"[①]，令关注本国民生和中国发展的我们深受触动。这体现了习近平新时代中国特色社会主义思想中所蕴含的民主思想。人民的地位至高无上，人民占据中心地位。这意味着，中国共产党将继续"保证人民当家作主，坚持依法治国，坚持社会主义核心价值体系"。

---

① 习近平：《在庆祝中国共产党成立100周年大会上的讲话》，人民出版社2021年版，第11页。

我们西方人往往对中国共产党的"党是领导一切的"充满误解,认为这是所谓的"一党专政"。正如《华尔街日报》一度不无失望地承认的那样,中国共产党"无所不在"地发挥作用,从国有经济到民营经济,从能源到基础设施,从电信到银行体系等所有战略部门。这事实上体现的是中国共产党领导的全面性、整体性和系统性。中国共产党执政地位的强化,并不意味着要采取大包大揽、事无巨细的治理方式,而是强调其发挥总揽全局、协调各方的功能和作用。前文提到的多党合作与政治协商制度的有效运作,说明中国共产党一直致力于形成通力合作、团结和谐的新型政党关系。

我们注意到,十八大以来,中国共产党越来越多地使用"依法治国"这个概念。这意味着,随着中国经济、社会、文化等各项事业的全面发展,中国要不断地完善立法体制,加强重点领域立法,推动中国特色社会主义法律体系日趋完善。12月4日成为中国的国家宪法日,就依宪治国的角度而言,是标志性举措。中国共产党还不断地推进法治政府建设,建立政府权力清单、负面清单、责任清单,同时夯实全民普法和守法的基础性工作。中国共产党推进依法执政的举措,加强党内法规制度建设,推进国家监察体制改革,依法惩治腐败犯罪,全面从严治党。这就是习近平总书记所说的"党要管党"。这种"管",是依法依规管党。总之,中国共产党人的依法治国理念,始终蕴含着这样的原则:社会主义中国的法治建设始终也必须坚持为了人民、依靠人民,促进人的全面发展。

在中国官方公报中,没有明确提到过"私营部门",只使用了"非公有制经济"或"民营经济"这样的字眼。这其中的差异及其意义要从中国共产党第十九次全国代表大会报告中寻找:"必须坚持和完善我国社会主义基本经济制度和分配制度,毫不动摇巩固和发展公有制经济,毫不动摇鼓励、支持、引导非公有制经济发展。"

第三节 以人民为中心,发挥人民主体性作用

我在前面提到了中国共产党的初心使命,就是为人民谋幸福,为民族谋复兴。但是,我还是要再对此进行一些阐释。中国共产党的"为人民服务",

随着时代的变迁，逐步地丰富和发展。自中国共产党的十八大后，习近平总书记提出了"以人民为中心的发展思想"。这一思想被视为中国共产党在新历史时期的治国理论方针。

对以马克思主义为指导、以建设社会主义现代化强国为目标的政党而言，"以人民为中心"，与资本主义国家的代议制下各党竞相"讨好"选民的做法，是有本质不同的。

中国共产党的"以人民为中心"的发展思想源远流长。1944年9月，毛泽东同志为在烧炭中牺牲的共产党员张思德写下了名扬天下的《为人民服务》，阐述了中国共产党及其领导的军队的根本宗旨是为人民服务，人民的利益是衡量党的工作的标准，也是党工作的目标。我想，毛泽东同志的名篇也体现了，中国共产党"从群众中来，到群众中去"的群众路线思想。改革开放后，邓小平同志将中国共产党的工作中心转移到经济建设和人民物质生活的改善上来。改善民生，是中国共产党改革开放和建设社会主义现代化的出发点和归宿。探索建立经济特区、逐步发展社会主义市场经济制度，鼓励并支持非公经济发展，大量引进外资、发展"三资"企业，发展股份公司、推动证券市场发展，国有土地实行出租、转让等措施，其根本目标都是为了增进人民的福祉。

以江泽民同志为主要代表的中国共产党第三代领导集体创立的"三个代表"重要思想，其中一条就是，中国共产党代表最广大人民的根本利益。中国共产党不断发展先进生产力和先进文化，归根到底都是为了满足人民群众日益增长的物质文化生活需要，不断实现最广大人民的根本利益。在胡锦涛同志担任中国共产党中央委员会总书记期间，中国共产党人又形成了包含"以人为本，全面、协调、可持续"为核心内容的科学发展观。进入21世纪之后，中国进入全面建设小康社会的新历史时期。中国共产党认识到了片面追求经济效益，片面追求国内生产总值高速增长的弊端，因此，开始注重生态效益，注重社会建设。"以人为本"，也是中国共产党在改革开放20多年后，对经济建设与发展的主体的再思考，即发展终究是为了人民，发展要依靠人民，发展的成果要惠及广大民众。

随着中国特色社会主义新时代的来临，习近平同志提出了以人民为中心的思想。这也是中国共产党人对其历史使命的再一次升华。以人民为中心的思想，不仅涉及人民的物质生活，还包括社会文化生活的方方面面。人民群众所向往的美好生活，就是中国共产党在新时代的奋斗目标。同时，习近平同志也对中国共产党的公共权力的目标——这往往也是马克思主义政治学的核心内容之一，提出了更加明晰的要求：让权力始终用来为人民谋幸福。他还多次强调，共产党人没有自己的特殊利益，只有人民的利益；人民是否拥护，是评价党工作成效的标准。在我们看来，"以人民为中心"更加突出了人民的主体性地位，对中国共产党在新时代的工作提出了更高的标准和要求。在新时代，人民是社会发展的目标主体，也是中国共产党工作的评价主体，还是社会主义事业的利益主体。

正是因为坚持"以人民为中心"，中国共产党始终坚持与党内腐败问题进行坚决斗争，尤其是十八大以来的反腐败成果，令人瞩目。这极大地维护了党在民众心目中的威望。在近十年中，中国共产党还加快了依法治国的制度建设，加快了对多层次社会保障体系的构建，等等。

我还可以举出更多具体的例子，来说明中国共产党是如何做到"以人民为中心"的,是如何不断地根据经济社会现实和民众的需要而提升自身治理能力的。最具有震撼力和说服力的例子,我想应该是在2020年以来,中国共产党数次成功地遏制住新冠肺炎疫情的蔓延。请允许我首先回顾中国政府在应对湖北省武汉疫情中的措施变化、反应速度和效果。

2019年年底,中国武汉发现多起病毒性肺炎病例,均诊断为病毒性肺炎/肺部感染。2019年12月31日上午,中国的国家卫健委专家组抵达武汉,就新型冠状病毒感染的肺炎疫情进行检测核查。2020年1月1日,武汉对涉及新冠肺炎疫情的华南海鲜市场等农贸市场实行停业整顿。在确定新冠肺炎存在人传人的巨大风险之后,中国政府在2020年1月中旬正式向全世界发出新冠肺炎疫情的警报。正是在这样的时刻,中国共产党以其实际行动真正诠释了什么是"以人民为中心"。1月20日,习近平作出重要指示,强调要把人民群众的生命安全和身体健康放在第一位,坚决遏制疫情蔓延势头。为此,1月23日,中国共产党作出了艰难的决策,即宣布疫区武汉"封城"。这座城市在短短几天内受到了全世

第四章 中国式现代化之路取得成功的关键

界的关注。1月27日,受习近平总书记委托,国务院总理李克强来到武汉,看望慰问患者和那些为治疗病患日夜不停歇的医护人员。

除了中国共产党最高领导层的直接指示和关怀,中国各级政府、各地区的行动力和协同应对能力,以及基层社区和党组织的服务水平,也都值得书写。由于感染者数量远远超出湖北医疗系统的承受力,仅仅从1月24日至28日,中国各地派往武汉的医疗队多达52支,医护人员多达6000余人。

与此同时,中国共产党领导下的社会主义中国以其独有的中国速度创造出了奇迹:仅仅用了10天10夜的时间,2月2日的武汉就出现了一座建筑面积为34000平方米,可容纳1000张床位的火神山医院。2月8日,另一家可容纳1600张床位的雷神山医院投入使用。我们感叹这种奇迹的同时也在思考:这一切为何能够在中国实现?其中是不是体现了中国共产党人的使命感及其"以人民为中心"的优良传统?当然,我绝无否定发达的生产力的基础性作用之意,只是想提醒大家,绝不可忽视反作用于生产力发展的政治制度、政治理论及执政党的作用。如果中国共产党的治理能力、构建的制度做不到与时俱进，为人民服务的理论没能根据时代的进步和民众的需要而不断丰盈和发展，那么，能够出现雷神山医院和火神山医院的奇迹吗？

让我们继续回顾武汉这段值得铭记的历史。在火神山和雷神山医院建成后，还需要投入更多的医护人员去治疗新冠肺炎患者。2月7日，中央政府确定16个省份以一省包一市的形式，为湖北各市提供医疗力量支援。在兄弟省的由中坚力量组成的援助医疗队的帮助下，陷入危急的武汉看到了胜利的希望。习近平总书记在2月10日的讲话中指出，武汉抗疫事关中国阻击新冠肺炎疫情的全局——武汉胜则湖北胜，湖北胜则全国胜。中国共产党和中国政府作出的援助湖北、援助武汉的决策是无比明智的。据统计，到2020年2月12日，武汉单日新增确诊人数激增至13436例，累计确诊人数达到32994例。4天后，即2月16日，武汉累计确诊人数达到41152例。形势危急，武汉为此又新建了16家方舱医院。到2月29日，武汉就不再出现新冠肺炎患者等待床位的现象了。3月10日，武汉16家方舱医院完成使命，全部休舱。这意味着，一度形势危急万分的武汉，迎来了抗击新冠肺炎疫情的阶段性重大胜利。

我们可以看看同一时期的欧洲发生了什么，意大利发生了什么。意大利1月31日即宣布进入为期3个月的国家卫生紧急状态，暂停了直飞中国大陆的所有航班。但是，这些举措显然过于表面化了，而且引发了较大争议，现在回头去看，也没有发挥太多作用。意大利政府及各主要党派对这场危机的破坏性估计不足，在民众的健康和经济利益之间，更倾向于后者。公共聚集活动照常举行，"米兰不停歇"，经济活动照常。在2020年3月10日，中国武汉疫情大大缓解时，意大利全境确诊病例超过10000例，50%以上的感染都发生在北部经济最发达的伦巴第大区，其首府米兰更是重灾区。意大利公共医疗体系陷入崩溃，大量在二战后为国家经济奇迹作出了卓越贡献、已步入耄耋之年的老人，因感染新冠肺炎病毒得不到及时救治而死去。这是意大利人民的悲剧，是整个国家的悲剧。

当然，你可能会质疑我说，中国并没有完全控制住疫情，至今仍有散发病例，各地不时暴发小规模疫情。是的，2020年6月至7月，北京暴发了一场小规模的新冠肺炎疫情。6月11日出现首例患者，到7月7日便无新增病例报告。可见北京市政府行动速度之快，病毒溯源效率之高。历时近一月的北京疫情共报告366例感染者。此后，还有2021年1月在河北省石家庄市、辽宁省沈阳市的个别区域暴发的疫情，都很快得到了控制。中国的边境口岸城市不时暴发的小规模感染，往往也能很快被识别和控制。在印度、美国、英国等多国肆虐的德尔塔病毒也来到了中国。2021年7月至8月，中国的南京、扬州等地暴发了由德尔塔病毒引发的疫情，且传染链蔓延至中国多个省市。德尔塔病毒以其潜伏期短、病情严重、传播力强的特点，给欧美多国的疫情防控带来更大的混乱和困难。中国虽然赢得了多个大大小小的抗击新冠疫情的胜利，但对德尔塔病毒并未掉以轻心。截至8月13日，南京便未再出现德尔塔新增病例。中国成为世界上即使不是唯一，我想也是极少数多次成功遏制住德尔塔蔓延的国家——此前还有中国广州、云南瑞丽的小规模疫情。如果你仍然觉得这不算什么，那么看看太平洋彼岸的美洲吧！截至2021年9月底，美国死于新冠病毒的人数就突破了70万。同为新兴经济体的巴西，截至2021年10月初，死于新冠病毒的人数超过了60万。这其中有很多人是因为主观原因，当然更多的是因为客观原因未能接种疫苗,感染德尔塔病毒后病亡的。说到这里,有必要补充的是,在中国这个社会主义东方大国,新冠疫苗接种率在2021年9月6日就达到了77.6%,同时疫苗加强针的接种也提上了日程。

除了医疗卫生系统的努力,中国基层社区的疫情防控工作之成效,也非常值得关注。新冠肺炎疫情,是一场调动并考验一个国家全方位应急能力的公共卫生危机。除了发达生产力和物质资源的保障——这一点美国更胜一筹,中国共产党还拥有强大的基层组织和动员能力。正如习近平总书记部署抗疫战略时所强调的,社区是外防输入、内防扩散最有效的防线,坚持不懈做好疫情防控工作关键靠社区。实际上,中国社区之所以始终能够在疫情中高效运转,其秘密恰恰在于那些普通而又将人民置于心中的党员干部所发挥的作用。中国的干部,不是部分西方媒体所刻画的那种高高在上的、官僚主义的刻板形象。他们在疫情中,下沉到基层,参与到基层的防疫工作当中。这些工作,往往包括入户排查感染病例,密切跟踪记录确诊病例、疑似病例的健康情况,公共场所消毒,给隔离中的民众送基本生活用品和药品,等等。

通过对社会基层的组织和动员而实现系统性的良好治理,常常为西方多数政党所忽视。或者说,如意大利共产党那样,曾经与妇女组织、青年组织等建立密切联系,但在向选举党逐步转型中丢失了这样的传统。抑或如欧美左翼政党,尚未探索出如何更好地与西方市民社会的自治传统深度结合的实践路径。

在中国抗击新冠肺炎疫情过程中,中国民众的作用是巨大的。我想,中国人民的确充分发挥了其主体性作用。当未知的新冠病毒突然袭来时,中国人民对领导和管理自己国家的领袖、政党和政府高度信任,纷纷扛起责任,为国分忧。中国人形成了这样一种共识,即"保护好自己就是保护别人,就是为国家作贡献"。这保证了他们行动的一致性,以及对抗疫部署安排的遵从与配合。在疫情中,中国的民众表现出了一种主人翁意识,能够在危机面前保持平和心态,理性看待疫情。他们始终像领导这个国家的中国共产党一样,坚守自己的岗位,贡献自己的力量。我想,常年浸淫于中华优秀传统文化中的中国人,不会不知道先贤留下的古训——"天下兴亡，匹夫有责"，这句话激励和鼓舞了一代又一代中国人，使他们总能在危急的历史关头彼此团结、守望相助，韧性十足地走向未来。幸运的是，中国共产党也恰恰善于激发自己的人民发挥出这样的主体性。

面对汹涌的疫情和一触即发的公共卫生危机，中国共产党以维护人民的生命安全和健康为出发点和归宿所采取的系列应对措施是令人赞叹的，他们的许多经验是值得学习的。事实上，由于近年来中意两国友好关系的深入发展，两国人民的友谊也在疫情中得到了升华。正所谓患难见真情，在困难的时刻才知道谁是朋友。在2020年新冠肺炎疫情最严重的时刻，意大利得到了中国的援助。意大利也学习并借鉴了中国的一些成功经验，如建设方舱医院，通过电子追踪体系溯源病例，等等。不过，有些措施，我们欧洲国家很难做到。否则，德国、意大利、英国和法国等欧洲大国的疫情也不会如此大规模蔓延而长时间得不到遏制了。例如，基层社区的动员和组织——在意大利这样的多党制国家，政党之间龃龉不断，很难想象依靠某个左翼政党联合社区自治力量，实现这样的疫情防控效果。

这场来势汹汹的公共卫生危机,着实应该让西方媒体和关注中国的所有学者更加客观地看待中国共产党的"以人民为中心"的价值观,以及承载了该价值观的治理体系和能力。只要中国始终存在这样一个拥有崇高理想、坚定信念而又值得对手尊敬的政党,我想,中国人民的社会主义现代化强国之梦,会如期成为现实的。

第五章

中国式现代化的世界意义

中国经济的腾飞,小康社会的建成以及社会主义现代化强国的全面开启,是具有重要的世界意义的。事实上,很多西方人对盎格鲁-撒克逊模式、德国模式、日本模式、北欧模式等资本主义现代化模式耳熟能详,但对古老的、"落后的"东方文明所探索出的现代化路径却非常陌生。因为在他们眼中,中国一直是模仿者而非探索者。然而正如中国共产党在其十九大报告中所指出的那样,中国的经验"拓展了发展中国家走向现代化的途径,给世界上那些既希望加快发展又希望保持自身独立性的国家和民族提供了全新选择,为解决人类问题贡献了中国智慧和中国方案"。

和平与发展仍是时代主题。但是，人类社会的和平依然不时受到威胁。与此同时，地区热点问题此起彼伏，恐怖主义、网络安全、重大传染性疾病、气候变化等非传统安全威胁持续蔓延，威胁人类的生存与发展。中国共产党提出的人类命运共同体，是对自由主义的资本主义模式的最好替代。而致力于实现人类平等、团结的进步人士，都应在中国式现代化成果的激励下，参与并推动世界社会主义实现其光荣使命和光辉前景。

第一节　丰富了发展中国家走向现代化的路径选择

根据马克思主义理论，生产力在人类社会发展进程中是发挥着决定性作用的，而同时生产关系对生产力具有反作用，上层建筑对经济基础具有反作用。因此，在实现经济社会发展的进程中，各国不仅应关注生产力因素，同时也应关注生产关系和上层建筑。因此，探讨中国式现代化对其他发展中国

第五章 中国式现代化的世界意义

家实现现代化的意义,恰恰也应从以上几点去分析。换而言之,应当分析中国实现生产力飞跃,全面建成小康社会的生产关系和上层建筑,发挥了什么样的作用;中国如何根据世情、国情、民情,做出有利于生产力发展的制度安排,又根据时代变化如何进行系列有效调整;等等。这些问题,我在第三章分析中国全面建成小康社会的进程时,已经有了一些论述。但该问题确实比较重要,还是应以聚焦的方式阐发一下。

我们必须真正理解邓小平在 1979 年接见日本首相时,对中国式现代化的界定。这其中,既有西方资本主义国家的工业化,更有社会主义生产力高度发达下的共同富裕本质。同时我们必须承认,西方文明和西方国家的现代化对当今全球化背景下的后发现代化国家是具有重大启示意义的。西方发达国家的现代化进程,与当今时代的历史背景具有较大差异。他们的资本积累、工业体系的构建、无产阶级的生活条件等,都深刻地打上了 16 世纪以来欧洲政治经济社会发展的历史烙印。欧洲列国、美国、日本等,在滚滚的历史车轮中,根据自己国家的国情选择了大同小异的现代道路。在资本主义生产力较为落后的情况下，历史给予了这些国家相对充裕的时间和空间去缓解或化解所遭遇的矛盾和问题。

如今，世界上大多数国家依然是发展中国家，仍在实现现代化的进程中艰辛探索。由于西方资本主义国家更早取得了现代化成就，使得"西方中心论"在全世界盛行。因此，"走西方的路"，对于很多发展中国家而言，是一种无法抗拒的诱惑。尽管中国的社会主义现代化建设成就是卓越的，但是中国的领导人都依然非常清醒地将自己的国家置于发展中国家之列。这种做法，并不意味着中国不具备成为"另一种现代化选择"的可能，反而意味着其他致力于实现现代化但落后于中国的国家，通过与中国的交流合作，更易获得有意义的启示。

今天的发展中国家，与欧美发达资本主义国家探索现代化进程的起点是不同的。它们身处一个信息技术高度发达，实现了互联互通的世界。人类已经形成难以割裂的命运共同体。因此，后发现代化国家若完全去模仿现代化国家曾经的发展模式，既不具备历史条件，也会陷入更多的困境。实际上，我们也看到非洲、拉丁美洲等地区的一些国家，过度迷信工业化进程推动、以资本为中心的欧美模式，再加上一些其他政治、社会因素的制约，不仅未实现现代化，反而丧失发展自主性，陷入依附欧美国家的境地。

中华民族是一个有着几千年文明历史的民族，其衰落不过始于19世纪的近代。但是，我们不应因此就轻慢了这个承载着源远流长中华文明的国家及其人民。由于文明的绵延不绝，中国人民拥有着丝毫不逊色于西方人的智慧和面对困境的勇气和韧性。因此，中国共产党的初心使命不仅有为人民谋幸福，还有为中华民族谋复兴。为实现这样的伟大梦想，1921年成立的中国共产党首先在艰苦卓绝中带领人民实现民族解放和国家独立，完成民主革命任务。在1949年新中国成立后，中国共产党又带领人民实施社会主义改造，开始社会主义建设。1978年，中国开始实行改革开放，对社会主义制度进行改革和完善。中国的社会主义现代化建设，是以人民为中心的，是非常注重发挥人民的主体性的。这是他们与西方工业化、现代化进程的资本中心模式最大的不同之一。

中国式现代化的独特之处还在于，它是中华文明历史演进、世界共产主义运动和现代文明进程共同作用的结果。中国共产党在马克思主义的指引下，结合中国的具体国情，反对僵化的教条主义，实事求是地推动了农村联产承包责任制的改革、社会主义市场经济的发展，实现了中国人民摆脱物质匮乏、建成小康社会的成就。这一进程中，中华文明、中国人民在构建具有独特的中国属性的现代文明中，体现出了鲜明的自主性、主体性和创造性。这并不意味着中国人完全排斥了西方文明，恰恰相反，他们非常善于从中汲取对自身发展有利的、有益的因素。例如，对西方先进技术和生产体系的吸收和利用，对西方企业管理经验的借鉴，甚至在社会保障具体制度领域，中国也不吝于去发现欧洲和日本等国的可取之处。中国没有闭门造车，中国与世界紧密相联，命运与共。中国应对发展过程中重大难题的方式及其所蕴含的丰富智慧——如何激活市场活力，如何改变民众的僵化教条观念，如何使大规模人口有序脱贫，如何实现经济与生态可持续发展，等等，都不应被那些主动或被动地卷入现代化历史潮流的发展中国家所忽视。

中国式现代化中，还蕴含着科学社会主义基本原则，即以人的全面发展和社会全面进步为目标。

以人民为中心、全过程民主，保证了人民当家作主。公有制的主体地位，为中国避免了西方资本主义国家私有制与社会化大生产、生产的无序与社会整体发展之间的矛盾。因此，中国式现代化致力于有效地将发展成果惠及所有人民。让我们以中国对共同富裕目标的追求为具体的例子，进而说明为什么中国的现代化是值得世界关注的另一种选择。2012年中国共产党十八大召开以来，实现全体人民共同富裕被摆在了更为紧要的位置上。根据中国共产党在2021年提出的时间表，到2035年，中国人民共同富裕取得更为明显的实质性进展；到21世纪中叶，中国人民基本实现共同富裕。全体人民共同富裕，是中国式现代化对科学社会主义原则的最佳体现，也是其与西方资本主义现代化最值得关注的差异点之一。

物质丰裕，是世界各国现代化追求的目标。在历经几百年工业化和现代化后，欧美日等资本主义国家的社会保障制度已经相当完善，民众生活水平也提高了不少。但是，发达资本主义国家的现代化绝非以共同富裕为目标，因其主导性价值体系并不认同共同富裕，所以制度体系也不致力于解决共同富裕问题。由于那些致力于公平正义、实现资本主义社会替代,平衡资本力量的社会主义政党和左翼力量的影响力趋于弱化和边缘化,西方资本主义国家在二战后建成的社会保障制度也都遭遇了极大的侵蚀。因此,在富裕国家,富人对绝对贫困者的剥夺近年来一直在加剧。在将自由主义和社会达尔文主义演绎到极致的美国,以及像意大利这样的欧洲福利国家,在2008年全球经济危机后,贫富差距都越来越严重。在这些国家,民粹主义、逆全球化、民族主义风潮和政治力量影响很大,极大地挤压了传统左翼力量的政治空间。

而中国在坚持科学社会主义原则下所致力于实现的共同富裕,不仅仅是物质富裕维度的,还有对民众精神维度的关注。具体而言,中国式现代化的共同富裕涉及经济、政治、文化、社会和生态环境等多个方面的内容。或者说,中国共产党依据新时代中国民众物质和精神需求的多元化,进一步丰富了共同富裕的内涵。因此,中国式现代化所蕴含的共同富裕取向及其在未来几十年中的新探索,也将为其他发展中国家推动共同富裕、实现现代化提供全新选择。

第二节　中国式现代化成就有利于
　　　　　维护世界和平与发展

我们知道中国无意于称霸世界，但就中国式现代化成就本身的客观影响而言，势必带来其国际地位的提升和国际话语权的增长。这种话语权和影响力的增长，显然有益于世界和平。

2017年，中国国家主席习近平在联合国日内瓦总部发出了"世界怎么了，我们怎么办"之问，此后他在多个重要场合重申"世界处于百年未有之大变局"论断。中国共产党领导人认为，当今人类社会进入了新一轮的大发展、大变革、大调整。信息技术、航天科工、人工智能、数字经济不断地拓展人类的物质生存空间，极大地释放了人类的潜能。这自然也会对生产关系和生产方式，提出更深刻的变革要求。与此同时，气候变化、网络安全、难民危机等非传统安全问题威胁着人类社会的和谐健康发展，全球治理体系和多边机制受到保护主义和单边主义的冲击。中国共产党在2017年10月召开的十九大的报告中提出,"中国共产党始终把为人类作出新的更大的贡献作为自己的使命"。

多边主义是世界各国在20世纪40年代二战结束后的共同选择,可谓国际社会之共识。联合国就是世界各国多边主义下的建制成果。中国一直主张维护联合国权威和联合国宪章宗旨原则。在世界上一切爱好和平和主持正义的国家共同努力下,中华人民共和国在1971年10月恢复其在联合国的合法席位。这50年来,作为五大常任理事国之一,中国始终注重维护世界各国之间的团结,坚持多边主义,且能够在事关和平与国际公平正义的事务中发挥重要作用。据了解,为了帮助叙利亚人民免于遭受更多的流离失所、食不果腹的苦难,中国在联合国动用了五次否决权。2011年,叙利亚战争开始不久后,中国针对英法两国制裁叙利亚的草案投出了反对票。2012年的2月和7月,中国再次否决了英法和西方其他国家提出的制裁叙利亚草案;2014年,由美国出面再次提起对叙进行制裁的草案,中国则继续投出了反对票。2017年3月,中国投出了反对将化学武器用于打击叙利亚的关键一票。中国切切实实在联合国发挥了维护世界和平的作用。我想,这几次反对票,不仅会得到叙利亚人民的感谢,更会赢得全世界所有热爱和平和进步人士的掌声。正是因为中国的正义感,避免了更多战火在叙利亚的蔓延,使得已经陷入山河破碎、生灵涂炭境地的叙利亚,不再有更多百姓流离失所。中国的否决权之所以有效,有威慑力,不仅仅在于其拥有常任理事国的身份。我想,还因为中国已经取得的现代化成就为其赢得了更大的话语权,以及中国对多边主义的"知行合一"为其赢得了更大的国际声誉。

那么,让我们看看西方世界的"灯塔之国"美国的所作所为吧!白宫从不为被凝固汽油弹轰炸的越南人民的权利而忧心;从未担心过1999年被克林顿政府领导的北约战斗轰炸机屠杀的塞尔维亚人民的权利;也从未顾及过南斯拉夫的男人、女人和成千上万名少年儿童的基本生存权利,哪怕他们的父母因受贫铀影响而长期遭受遗传性癌症的折磨死去;更从未考虑过所有意大利撒丁岛民众和士兵的权利,而不仅仅是在过去10年或15年中那些因马达莱纳群岛美国军事基地核潜艇辐射而罹患癌症悲惨死去的撒丁岛人。当然,美国白宫从未顾念巴勒斯坦人、也门人,数百万死于欧洲—大西洋军队轰炸的伊拉克人、利比亚人、叙利亚人的权利,以及在这些蒙难国家失踪的数百万难民的权利。自2001年至2021年的20年间,五角大楼和白宫自然也不会去考虑他们的穷兵黩武会给贫弱无助的阿富汗人民带来什么样实质性影响。2021年8月,五角大楼和白宫从阿富汗"有序"撤退,在他们身后留下了一个依然贫困、落后,缺乏良好治理的国家。

在从中东和阿富汗等地"战略撤退"的同时,美国加紧了在亚太地区对中国的遏制和围堵。2021年9月,美国、英国和澳大利亚宣布建立三方安全伙伴关系(AUKUS),并以所谓应对中国军备增长为借口计划开展核潜艇合作。在太平洋横行的核潜艇,无疑会给这个地区的和平与安全带来极大隐患,甚至会带来核灾难。我们不能忘记南斯拉夫和意大利撒丁岛人的遭遇。我们都认识到,这一三方安全合作伙伴关系不仅没有维护"安全",反而严重破坏了南太平洋地区的安全。这一举动的真实目的昭然若揭,旨在遏制中国、围堵中国。我们对此表示深深的忧虑,尽管南太平洋似乎距离欧洲尚远,但此举严重违反《不扩散核武器条约》精神,损害了《南太平洋无核区条约》,会对世界和平带来威胁。

对西方关于"新冷战"的呼声和小动作，我们始终保持警惕和谴责。

我们再看看中国的作为。为什么我们意大利的很多左翼学者都在对以美英为代表的盎格鲁-撒克逊小圈子制造国际紧张情势的作为忧心忡忡的同时，反将维护世界和平的希望寄托在社会主义中国和近年来发挥地缘政治平衡器作用的俄罗斯身上？与美国忙于拉各种小圈子、搞地缘零和博弈相对照，中国在更加积极地维护国际和平稳定，推动人类命运共同体的构建，不断为世界和平与发展注入正能量。

除了联合国，中国还是二十国集团的重要成员国。通过二十国集团峰会机制，中国为推动世界经济合作与发展贡献了自己的智慧和方案。二十国集团峰会构建的目的在于，推动以工业化的发达国家和新兴市场国家之间，就实质性问题构建开放及有建设性的讨论和研究。我们对 2016 年在中国杭州召开的二十国集团峰会印象深刻。自 2008 年全球经济危机爆发后，世界各国都在寻求刺激经济增长的新动力。科技创新和生产关系的新发展，往往是摆脱危机和实现经济增长的最根本路径。在中国等成员国的共同努力下，此次峰会从创新机制入手，围绕新工业革命所提供的机遇,以及数字经济等领域的新变化,设定了二十国集团关于全球创新增长的具体行动计划。对于相应的社会发展领域,二十国集团也作出了支持发展中国家人力资本技能培训、提高社会保护水平等的行动计划。杭州峰会甚至提出了"不让任何国家、任何人掉队"的口号。为此,二十国集团承诺,在推进应对气候变化的《巴黎协定》尽早生效的同时,为世界经济的可持续发展贡献力量。此外,二十国集团会集体支持非洲和其他最不发达国家的工业化进程,解决长期制约世界经济发展的不平等问题。当然,在特朗普当选美国总统后,美国就在全世界民众无比震惊的目光中退出了《巴黎协定》。正如他在 2020 年 11 月 22 日的二十国集团峰会上的发言:"巴黎协定不是为了拯救环境而设计的,是为了扼杀美国经济。我拒绝交出数百万的美国工作岗位,拒绝将数万亿美元送给世界上最严重的污染者和环境破坏者。"[1] 这并非特朗普

---

[1] Kevin Liptak, "Trump rails against Paris climate accord in virtual G20 event", https://www.cnn.com/2020/11/22/politics/trump-paris-climate-accord-g20/index.html.

的个人观点,而是其所代表的那一批美国保守派所一致认同的观点。

2021年6月,上海合作组织满20周年。中国和俄罗斯及中亚地区的哈萨克斯坦、吉尔吉斯斯坦和塔吉克斯坦,都是上合组织的创始国。中国在这一政府间合作组织内,为维护和加强地区和平、安全与稳定,共同打击恐怖主义、分裂主义和极端主义、毒品走私、非法贩运武器和其他跨国犯罪,促进地区经济、社会、文化的全面均衡发展,不断提高成员国人民的生活水平,发挥了重要作用。尤其值得一提的是,上合组织奉行不结盟、不针对其他国家和组织及对外开放原则。这是20世纪50年代,新中国和第三世界发起的"不结盟运动"的更进一步的深化。进一步而言,上海合作组织的合作理念,处理成员国之间关系的模式,应对国际安全问题的理念,国际公共产品供给理念,以及在与其他国际组织间关系模式上,都与欧盟、北美自贸区等其他地区性一体化组织存在很多不同。而且上合组织的探索,也是处在前沿水平的。在平等、互利、共赢基础上,上合组织发挥了保障地区安全、促进地区发展、加强国家和地区之间的对接、推动新秩序建设的多重作用。

毛泽东时代提出的和平共处五项原则影响深远。改革开放以来，中国在与发展中国家及其组成的区域性组织开展交往与合作时，也能够坚持这种原则，并为自身赢得了更多的声望。如，在对非洲国家关系中，中国同非盟及其前身非统保持着友好往来和良好合作关系，并向其提供了力所能及的援助。非洲联盟会议中心，就是在中国的倾力相助下建成的。中国还通过"一带一路"倡议与非洲的《2063年议程》对接，其中涉及了基础设施建设、工业化发展，包括社会指标、人文发展指标等方面，意在真正地促进这片大陆的发展与腾飞。

在促进东南亚国家经济社会发展中，中国也发挥了重要作用。2003年，中国成为第一个加入《东南亚友好合作条约》的非东盟国家。由于与东盟国家山水相连，中国非常关注东盟地区和平与发展并是其忠实的支持者，始终坚决维护东南亚的无核武器区地位，杜绝大规模杀伤性武器。因此，针对美英澳三国在南太平洋的核潜艇发展计划，中国与东盟国家的利益和立场是一致的，都将坚决地谴责和反对这一破坏地区和平的侵略性计划。

中国国家主席习近平在2021年的联合国大会讲话中，再次向世界重申了中国坚守并践行的人类命运共同体理念。习近平主席向世界郑重提出全球发展倡议，加快落实联合国《2030年可持续发展议程》。我们看到，中国在致力于推动实现更加强劲、绿色、健康的发展方面，与很多欧洲左翼力量的立场是一致的。2020年以来，全世界遭遇了百年一遇的大流行病——新冠肺炎疫情。我们注意到了中国为凝聚全球抗疫力量，反对疫情溯源政治化，推动世界尽快走出疫情阴影而做的诸多努力。例如，中国已经向世界提供超过12.5亿剂疫苗，2021年所提供疫苗总量将达20亿剂。中国一直以来在阿富汗、伊核、朝核等问题上发挥独特的建设性作用，成为维护地区和平稳定的中坚力量。因此，如果说世界历史的趋势与潮流是和平与发展，那么，显然中国共产党和中国政府的所作所为是顺应历史潮流的。而不应忽视的是，这是以中国式现代化成就为其物质基础的。正是有了这几十年工业、现代科技和国防体系快速发展所积累的雄厚物质基础，社会主义中国才有这样的底气和能力在国际事务中发挥出愈益积极的作用。

2020年全年中国对外直接投资1329亿美元,同比增长3.3%,对世界经济增长贡献率达30%;对外承包工程营业额1559亿美元,保持稳定发展。截至2020年,中国同140个伙伴国家共建"一带一路",为当地创造115.7万个就业岗位,贡献69.4亿美元税收。① 据悉,中国已正式提出申请加入全面与进步跨太平洋伙伴关系协定(CPTPP)。此举无疑将进一步扩大中国的高水平对外开放,有助于其构建开放型经济新体制。不应再质疑中国的世界经济发展之引擎的地位了。

第三节 鼓舞了处于低谷中的世界社会主义运动向前发展

东欧剧变、苏联解体后,世界社会主义运动一度随之陷入低谷。在马克思主义和社会主义的发源

---

① 本段数据由中国社会科学院的学者在写作交流中翻译提供,在此表示感谢。《王受文副部长兼国际贸易谈判副代表以视频方式出席联合国贸易和发展会议第十五届大会并发言》,http://www.mofcom.gov.cn/article/xwfb/xwbldhd/202110/20211003204795.shtml。

地欧洲，中左翼的社会民主党和左翼的共产党在经历了20世纪90年代的短暂辉煌后，纷纷于21世纪的政治变局中令人绝望地走向了衰落。在21世纪，环保主义、女权主义、和平主义、反战运动等诸多发端于20世纪六七十年代的思潮和运动，仍然在不温不火地向前发展。但是，始终缺少有力度的理论和组织的指引，无法对资本主义建制形成真正的挑战，更无从形成资本主义替代方案。2008年全球金融经济危机后，欧美民族主义、民粹主义不同程度地冲击着以开放、包容自称的欧美左派政治。欧美左派逐步地走向了中间化。但是，填补其政治空间的往往不是高擎社会主义大旗的共产党，而是以表面的激进博取民众眼球的民粹主义和民族主义。

西方国家的共产党，至今尚未走出东欧剧变、苏联解体冲击下的世界社会主义运动低潮。对很多的欧美左派而言，共产主义的政党及其意识形态、社会理想，已经伴随着苏联的崩解而"终结"了。他们当中的很多人拒绝将目光转向东方，拒绝承认那里的发展奇迹是在社会主义的前提下发生的，拒绝承认那也是一种不同于资本主义现代化的、却适合中国人的现代化之路。

通过经济发展和社会主义制度的改革，8亿中国人摆脱贫困和饥饿，只是中国伟大增长的部分内容。中国的增长，还意味着对世界格局的积极改变，它打破了帝国主义国家的霸权，推动社会主义、反帝国主义和反殖民主义的国家与帝国主义国家之间的力量实现新的平衡。

马克思主义经典作家都坚持这样的观点：社会主义的本质就是发展生产力。中国特色社会主义事业所取得的经济成就，在国际事务中影响力的提升，证明了马克思主义基本原理的正确性。这对世界社会主义运动的积极意义也是不言而喻的。

在20世纪初期，由于十月革命的成功，世界上第一个社会主义国家——苏联出现了。在此后几十年间，苏联以其令人瞩目的工业化业绩和在二战中的英勇表现，当之无愧地成为世界社会主义潮流的引领者。

我们意大利的马克思主义学者，在21世纪的今天，研究中国的改革开放和社会主义市场经济探索时，往往将之与列宁领导下苏俄早期曾实施的"新经济政策"实验进行对比。因为这二者之间最大的共同点在于，都在深刻地把握马克思主义基本原理的基础上，进行符合生产力发展实际的政策变革。无论是"新经济政策"，还是中国的社会主义市场经济，都是反教条主义、反庸俗化马克思主义的突破性改革和创新。二者均通过经济、社会和政治体制等多个方面的实践，丰富了社会主义制度的建设理论。

这就是物质的增长与哲学理论的发展之间的辩证关系。但是，当前世界社会主义运动内部，对中国特色社会主义成就的理论与现实意义，都未给予充分重视。事实上，中国的发展在客观上推动了世界反战、和平运动和反帝国主义式掠夺等力量的壮大。在欧洲，甚至早在20世纪70年代末的欧洲共产主义兴起初期——这早于20世纪八九十年代东欧剧变、苏联解体的历史转折点，欧洲的反帝国主义力量就开始走向衰落了。但是，中国特色社会主义的探索，恰恰是从此时开始的。西方的社会主义运动在迷惘中开始走下坡路，东方的社会主义中国则在"摸着石头过河"，探索在生产力落后的国家完善社会主义制度的路径。相形之下，20世纪七八十年代苏联社会主义改革理论与实践的偏航，既是其经济和物质生产发展停滞的反映，同时也进一步束缚了生产力在社会主义制度框架内的进步。

那么,中国蓬勃、繁荣的物质生产背后,蕴含或体现出的核心思想之于世界社会主义运动的意义,究竟应该如何去诠释?我想,如果能够正确地认识其思想价值,将有助于西方左翼获得更多启示以推动本国公平正义事业的发展,并有助于西方左翼跳出西方中心主义的局限,去客观地观察发展中国家的社会主义运动发展规律、社会主义制度建设和路径探索。

包括不少马克思主义者在内的西方左翼,多少都存在主观主义和反实证主义的问题。因此,他们的观念之中,始终存在要么社会主义要么市场的二选一的问题。这是僵化教条的、纯粹人为的却无助于解决实际发展难题的二分法。我认为,包括对生产力的"中立性"与"非中立性"的讨论,都要看是谁掌握生产力,谁发展生产力,为了谁、依靠谁而发展生产力。同样的道理,市场,就是中国共产党促进发展实现民族复兴、为人民谋幸福的工具,发展市场的目标是为了人民,也依靠人民。因此,我们应将市场视为经济和政治空间内的一种概念,有助于必要的原始物质积累。这些最基本的物质积累，对于向社会主义高级阶段过渡至关重要。进一步而言，市场，无论是在实践中还是在思想中，都被完全假定为一个非永恒的历史形式。市场不过是社会主义实现其物质发展目标的特洛伊木马。因此，西方左翼不应责难中国共产党对市场的辩证运用。这为世界上其他社会主义国家的探索，着实树立了榜样。

如果要正确地认识中国的发展之于世界社会主义运动的意义，做到真正理解中国，就要明白为何应彻底否定对前工业化社会的田园生活幻象的虚妄赞歌。因为这种赞歌的本质是妖魔化经济发展的小布尔乔亚①文化。法国作家福楼拜在其小说《布瓦尔和佩库歇》就批判了小布尔乔亚的"回到没有恐怖的工业生产的田园世界"的渴望。他们只是渴望了解而非体验如牲畜般在田野里劳作的辛劳。这种所谓的渴望是虚妄的、短暂的、瞬间即逝的。马克思和恩格斯在《共产党宣言》中就指出，"资产阶级使农村屈服于城市的统治。它创立了巨大的城市，使城市人口比农村人口大大增加起来，因而使很大一

---

① 指小资产阶级。

部分居民脱离了农村生活的愚昧状态。"① 然而，对于我们西方马克思主义者及更广泛意义上的左翼而言，中国特色社会主义使得1亿多人口脱离了贫困状态的成果，绝不应是无关紧要的。

但是很多西方左翼、马克思主义者认为，这些现代化成就着实不值一提。带着这种意识形态偏见，他们根本无法认识到中国特色社会主义发展对于世界和平及反帝国主义斗争的巨大意义。受制于时代发展的客观条件，尽管马克思和恩格斯未能对落后国家如何进行具体的社会主义实践作深入、丰富的理论指导，也没能够对市场经济与社会主义的关系作系统性的分析，但是他们在晚年所提出的天才假设，即"跨越卡夫丁峡谷"的设想，激励了东方落后国家的诸多志士仁人为实现跨越资本主义的发展而奋斗。在俄国，列宁继承了马克思和恩格斯的思想，同时展示了他的反教条主义天赋，提出了在帝国主义链条上的最薄弱环节进行突破。而且，列宁领导俄国布尔什维克在取得十月革命胜利后，并没

---

① Karl Marx e Friedrich Engels, *Manifesto del Partito Comunista*, Napoli: Edizioni Laboratorio Politico, 1998, p. 31.

有在国家建设中将社会主义与市场经济置于二元对立之中。我想，中国共产党在社会主义前提下对市场经济运用的广度、灵活度和效果，均超越了苏俄——当然其中有外部不利因素的干扰，如战争和政权颠覆活动等。中国特色社会主义理论和实践，一如当年苏联所创造的奇迹的意义，成功佐证了马克思晚年的"跨越论"假设，丰富和发展了马克思主义。

洛苏尔多，这位享誉欧洲的意大利籍马克思主义哲学家在其《西方马克思主义重构：诞生、死亡与重生》中就毫不留情面地指出：西方人文主义的理想主义与马克思主义在西方的遭遇，造就了这样一种具有突出的空想色彩的西方马克思主义。这种马克思主义抛弃了辩证唯物主义和历史唯物主义，甚至在理论和实践中都抛弃了劳资冲突和生产力发展等核心问题，转而将个人绝对自由视为最根本的问题。这完全与实现社会主义的路径，以及马克思主义的"整体性"背道而驰。[1]

---

[1] 参见［意］多米尼克·洛苏尔多：《西方马克思主义重构：诞生、死亡与重生》，李凯旋、李赛林译，当代中国出版社2022年版。

尽管中国共产党多次申明，他们无意于将中国打造成世界社会主义运动的新"灯塔"，更无意于让每一个社会主义国家和发展中国家都模仿和重复自身的理论与实践经验。简言之，中国共产党和中国政府无意进行"模式输出"。但是，有一点是确凿无疑的，随着中国的崛起，小康社会的全面建成和社会主义现代化进程的全面开启，中国之于世界社会主义运动的意义不宜再被低估，也不会因中国共产党的谦虚和低调而被忽视。我注意到，在20世纪20年代初建党的、已有着百年光辉历史的多个欧洲共产党，如意大利共产党、法国共产党、西班牙共产党、葡萄牙共产党，都对中国特色社会主义事业的成就和世界意义表达了赞赏。

意大利共产党人早已注意到："那些不屈从于帝国主义的或由马克思主义和共产主义思想引导的国家和人民，已经成为当今世界舞台上的主角。中国的崛起，越南、古巴等社会主义共和国及金砖国家的发展与进步，都向我们展示着原殖民地国家走向独立和解放、协调社会各阶层关系以造福民众和无产阶级的光辉业绩"。① 总之,中国特色社会主义是对马克思列宁主义思想的进一步丰富,对那些有志于找到适合本民族的道路,以实现向社会主义转型理想的进步人士而言,具有启示性意义。

---

① Francesco Maringiò, "Marxismo oggi in occidente: Le ragioni di una crisi e la necessità di una rinascita", http://www.marx21.it/storia-teoria-e-scienza/marxismo/marxismo-oggi-in-occidente-le-ragioni-di-una-crisi-e-la-necessita-di-una-rinascita/.

第六章

中国式现代化未来面临的挑战与前景

正如我们在前文中所说的,要分析中国式现代化的可资借鉴之处,不仅应关注生产力因素,同时也应关注生产关系和上层建筑。这包括政治制度、经济制度、文化思潮等,也应关注生态环境、科学技术创新、工业体系发展及人力资源的变化等诸多方面。当然,挑战不仅仅存在于中国内部。在全球化时代的今天,国家之间的联系愈益紧密。世界经济政治格局由开放自由向保守的转变,势必会给中国的社会主义现代化进程带来挑战。但是,中国应该已经着手应对这样的变化了。中国共产党的总书记、中国国家主席习近平,近几年在多个国际和国内重要场合指出,当今世界正面临百年未有之大变局。

如今,越来越多的欧洲知识分子表达了对世界处于大变局之中的论断的赞同,当然其中的缘由和具体根据是千差万别的。中国的内外部发展环境,将存在更多的不确定性。但是,这种不确定性所构成的挑战,如果应对得当,往往很可能成为迈上新台阶的机遇。

第一节 经济社会领域的挑战:外部的"脱钩"与内生的难题

经济领域的挑战是具有根本性的,涉及了生产力发展的挑战。在此处,我简单谈谈欧美国家意在通过与中国在高新科技领域"脱钩"而制造的麻烦,以及人口老龄化难题给中国经济持续增长带来的压力。

2016年以来,欧美逆全球化风潮愈演愈烈。欧美不少国家甚至开始推动与中国在经济、工业技术

第六章　中国式现代化未来面临的挑战与前景

和高科技领域实现"脱钩"。这对于高度融入全球化经济之中的中国而言，构成了一种巨大的不确定性。中美贸易摩擦在美国的一系列攻击性十足的操作下，升级为全面贸易战。美国对华贸易战的本质是科技战，其真实意图在于遏制中国最先进生产力的发展。美国对中国制造业加征关税的行业，多为中国重点发展的领域。特朗普政府对高科技企业的封锁，意在实现与中国在高科技领域的"脱钩"。中国在人工智能、航空航天等领域的科研院所、大专院校都被美国列入"危险名单"，华为及其附属企业则被列入出口管制"实体清单"。

新中国自成立以来就身处被西方多国技术封锁的困境。美国和西欧一些国家联合成立的多边出口控制协调委员会，即巴黎统筹委员会，限制了国际原子能、国际军品和工业技术等向苏东和中国等发展中国家的出口。但中国在科技发展领域的孤立处境，毕竟在改革开放后得到了较大程度的改善。

欧盟之于中国社会主义现代化事业的发展，客观上起到了积极作用。无论出于何种谋求主观利益的目的，欧盟在技术和资本上对中国改革开放以来的发展助力显著。尤其在2004年5月，欧盟扩大为

25国后，超过日本和美国，成为中国的第一大贸易伙伴，以及中国累计第一大技术供应方和累计第四大实际投资方。至2006年年底，中国也是欧盟第一大进口来源地。但是，欧盟对华高技术出口限制始终集中在两个方面：一是欧盟自身认为可从民用转为军用的两用技术；二是涉及国家安全的技术，比如航空、深海开发、高技术的计算机等。

意大利是七国集团中第一个与中国签署"一带一路"备忘录的国家。但是，在签署该协议后，意大利很快就修订了"黄金权力法案"。这是意大利在2012年就通过并实施的法案，主旨在于规定意大利政府有权干预并阻止外国资本收购意大利的能源、交通、通信等战略企业和国家资产。2017年和2019年的修订引发了更多的关注。2017年，"黄金权力"扩张至高科技领域，如人工智能、机器人、半导体、军民两用科技、航空航天和核科技等领域。2019年，意大利议会将5G网络建设、食品、金融、保险和医疗等都纳入"黄金权力法案"范围。"黄金权力法案"的扩张，的确给中国企业在意大利的发展制造了不便。总之，随着中国在经济、工业和科技等领域实力的增强，欧美国家对其遏制的力度也会加大。

第六章 中国式现代化未来面临的挑战与前景

经济与政治总是密不可分的。后文中,我会更加详细地分析欧美国家对中国在政治领域的密集攻击行为与遏制活动。

现在将目光转向中国国内。很多从前关心中国发展的学者,也都开始关注中国的老龄化风险、社会保障尚不完善等问题。30年前的中国,0—14岁儿童数量是60岁及以上老年人数量的4倍。目前两组人口数量基本相同。30年后,老年人口将是儿童的2.5倍。中国老年人口规模将在很长一段时间内保持世界第一。目前中国60岁及以上人口总数已超过2.5亿,居世界首位,预计2032年将超过4亿,2048年将超过5亿。老龄人口增长、总人口减少和劳动力老龄化相互重叠,深刻影响着中国未来繁荣发展的源泉和动力。①

中国不断增加的老年人口将减少劳动力供给,增加家庭养老负担和基本公共服务供给压力。因此,人口老龄化问题不仅是人口年龄结构问题,还包括

---

① Gui Jiangfeng, "How to cope with the aging of population in China?", http://www.china.org.cn/opinion/2020-12/16/content_77018565.htm.

低生育率、低结婚率和人口迁移问题。当然，人口变化也是由政治发展、国家安全问题、文化传统和移民引起的。人口增长在一个国家的经济和社会发展中扮演着相互矛盾的角色。健康的人口增长会促进一个国家的经济发展，而快速或非常低的人口增长可能会阻碍经济发展。①

就发达国家的经验而言，如意大利，到2020年，65岁以上老年人占人口比达22%，居世界第二位。根据意大利国家统计局2020年12月发布的统计报告，2019年意大利新生儿为420084人，比2018年减少了近20000人，比2008年更是减少了15.6万多。平均每一名意大利育龄妇女拥有1.27个孩子，2010年的数据为1.46。② 我之所以列举意大利的问题，意在说明人口老龄化和低生育率的双重挑战，严重限制了意大利的经济活力和创造力。而低生育率同时也反映了意大利家庭支持政策发展不

---

① Li Jia, "Aging society a phenomenon, not a problem", https://global.chinadaily.com.cn/a/202110/16/WS616a248aa310cdd39bc6f518.html.

② "NATALITÀ E FECONDITÀ DELLA POPOLAZIONE RESIDENTE-ANNO 2019", https://www.istat.it/it/files/2020/12/REPORT-NATALITA-2019.pdf.

足的深层问题。

回到中国的老龄化问题上。我们注意到中国停止了"一个家庭一个孩子"的生育政策,甚至鼓励一个家庭生育两个、三个孩子。鉴于意大利的经验,这可能还需要配套更为有力的家庭支持政策才能收到显著的效果。社会保障本质上属于上层建筑的范畴。在几百年的工业化进程中,欧洲国家在工人运动的压力下,逐步建立了较为完备的福利体系——当然,近年来遭到了新自由主义改革的损害。社会主义中国现代化进程的加速及其人口结构的变化,对其社会保障体系的探索和调整,提出了更丰富且多元的要求。这也是社会主义中国以人民为中心的主旨所决定的。

不得不承认,由于受限于语言文化和经济社会生活环境的差异,我对中国的现代化进程所能遭遇到的挑战的观察,是不够充分和深入的。诸如中国的区域发展失衡问题、政治体制改革及国家治理能力提升等方面的挑战,都是非常有价值的问题。中国东部沿海发达地区的珠三角、长三角,为中国经济腾飞作出了重大贡献。同时,中国东部与西部、南部与北部,尤其沿海地区与偏远的西部内陆地区间的差距,在改革开放的 40 多年来呈现了扩大的趋势。2020 年,中国城市 GDP 前十名中,北方的城市只有北京入围。自 2008 年以来,中国南方和北方地区的研发支出增长率和强度差距不断扩大。中国各省研发投入增长最快的 10 个地区中,除宁夏回族自治区和河南省外,有 8 个位于华南地区。同时,排名垫底的地区全部来自北方,即黑龙江、吉林、辽宁、山西和甘肃,东北三省最低。[①] 这再一次让我想起了意大利的教训。意大利南北方资本主义发展存在严重的失衡。20 世纪五六十年代,意大利政府曾经制订过南方开发计划,但是在石油危机的冲击下搁置了。此后,意大利南北方差距越来越大,由鸿沟变成了"天堑",再难逾越。地域发展差距似乎在美国、德国、法国等多个发达国家也颇为常见,只是都没有如意大利这样,如此严重地制约了整个国家的工业和服务业的均衡发展,阻碍了整个国家走出经济危机的进程。中国的社会主义现代化,还包

---

① Sun Chi, "China's south, north see wider gap in R&D input growth, intensity", http：//www.chinadaily.com.cn/a/201912/27/WS5e05c0faa310cf3e35581244.html.

含着共同富裕的内容。那么这意味着，中国在未来发展中将致力于不断缩小城乡之间、东西部之间和南北方之间的差距，致力于超越区域发展不平衡这一挑战。

第二节 政治领域的挑战：来自西方的攻击与分裂活动

当我们回顾中国式现代化进程，或者说1949年新中国成立后的社会主义事业建设历程时，我们会发现，中国的外部生存环境往往不是十分友好的。其中，中国与西方的关系有"冰冻期""接触期""友好与不和谐的混杂期"等等。而今欧盟对华的心态是非常复杂的，且对华政策自二战结束以来一直未能完全摆脱美国的影响。2019年，欧盟在其发布的《欧中战略展望》政策报告中，将中国定位为"合作伙伴""谈判伙伴""经济竞争者""制度性竞争对手"。反观中国对欧盟的定位，则是全面战略伙伴关系。2021年3月，欧盟以新疆和香港的"人权"问题为借口，对中国的4名官员和1家实体实施制裁。作为对此的反击，中国宣布对欧方10名个人和4家实体实施反制裁。但是，将今天的中西方交往界定为"制度竞争或对立冲突期"，也是不准确并且不符合现实情况的。中欧关系进入了一种"碰撞期"。这对中国来说是巨大的考验和挑战。尽管欧洲与中国已经发展出如此紧密的经济和技术交往，但这种联系近两年开始遭遇充满意识形态偏见的政治攻击的损害。这是需要中国共产党领导人以极高的智慧和韧性去面对并超越的挑战。

以美国为首的跨大西洋联盟，基于不同时期政治战略利益和经济利益需要，对中国发起的遏制战略和攻击手段并不是单一的，其内容也是多样的。如2020年新冠肺炎疫情在全世界暴发以来，美国屡屡倒打一耙，污蔑中国武汉是全球疫源地，罔顾世界卫生组织的调查结果和欧洲多国的科学研究证据。

近几年，对中国威胁和影响最大的乃是，西方帝国主义势力意在通过利用香港、新疆和台湾问题，分裂和削弱中国的实力和国际影响力。

2019年至2020年，香港事件在整个西方都引发了颇多关注。始于2019年3月15日的香港游行，反对通过将逃犯移交到与香港没有协议的国家或地区——如中国大陆和台湾——的法案。

香港与20个国家和地区签有长期的逃犯移交协定。因此,这些国家和地区可要求香港政府代为拘捕和移交逃至香港的疑犯,并送回申请国受审。但香港的移交逃犯法律不适用于中国大陆、澳门和台湾。在香港回归到其历史长河中原本的位置——中国的20余年后,进行这样的修订,事实上是滞后的修补。这是香港的司法问题,是中国的内政问题。但是,香港暴力事件得到了所有不明真相的北美和欧洲民众的支持。欧美主流媒体的报道对抗议者的"权利"充满"同情",同时对社会主义中国的"独裁性"予以谴责。面对同样的国际法,面对同样在西方国家生效的引渡法律,却不存在任何不规范或"独裁"的问题——比如,如果(意大利)都灵市的某位公民变成了凶手,他完全可以在罗马市接受审判。

在西方根深蒂固的帝国主义和殖民主义文化中,香港仍然不属于中国。因此,香港公民绝不能由香港的归属国——中国来审判,而只能由香港司法机构、由帝国主义思想里永不消亡的"英国殖民地"来进行审判。当然,修订《逃犯条例》引发大规模抗议的这一事实充分说明,香港人的普遍观念仍然深深受到英国权力的制约。它充分说明,在长期殖民统治之后,中国共产党与中国政府要在香港民众中建立一种对祖国和共产党的认同感和归属感,并非易事。哪怕该地95%的人口是中国人,而且其中大部分人是汉族——他们来自香港附近的广州和台山,是彻头彻尾的中国人。

在英国对香港的近150年的殖民统治期间,广泛推行了众所周知的英式教育体系。因此,这座城市逐渐形成了亲西方的生活方式、世界观和文化,以及或多或少支持香港"自治"的反华思想。漫长的殖民统治及香港的战略地位决定了,让英国殖民主义和整个西方真正放弃香港,是何其困难!利益和帝国主义的传统,驱动了英美等国煽动并支持每一次反华政治、社会和文化运动。换言之,西方人还咽不下这口气,虽然达成了协议,但无法真正接受将包括司法在内的权力还给中国。因此,他们利用了在香港社会和民众中存在的亲西方价值观和立场,以达到分裂和削弱中国的目的。

"人权"一直是西方国家攻击中国的核心议题之一。西方媒体甚至基于捏造的事实,对外发布中国对居住在新疆维吾尔自治区的维吾尔族人进行"种族灭绝"的虚假报道。大部分是基于一个有着黑暗历史的"知识分子"——阿德里安·曾兹（Adrian Zenz）——的"作品"。曾兹的个人履历清楚地表明了他是一个多么不可信的角色。曾兹是德国人、基督教基要主义者，研究中华人民共和国（主要是新疆和西藏）。曾兹自己承认，这些研究是出于"上帝毁灭中国的要求"。此外，他还是"共产主义受害者纪念基金会"中国问题（Victims of Communism Memorial Foundation in China studies）的高级研究员，该组织的唯一目的是进行反共宣传。换句话说，曾兹是帝国主义豢养的"假学者"。仔细阅读和分析曾兹的所有作品就会发现，里面充满了谎言和操纵。曾兹作品中关于西藏和新疆报告的数据都是可以被驳倒的。曾兹引用8名维吾尔族"证人"的话来证明整个维吾尔族正在新疆遭受"种族灭绝"，而这些"证人"都是不可信的，没人知道他们到底是谁、是否真的存在、是否生活在新疆。维吾尔族的总人口约为1200万。如果真的有100万维吾尔族人被关在集中营，那就意味着每12个维吾尔族人中就有一个被关押在集中营。美国总统乔·拜登竟然"信以为真"，以此为借口对中国发动"新冷战",真是荒谬。

另一方面,由中国政府提供的真实数据,受到了国际科学界的认可——认定在新疆的维吾尔族人口有了显著增加,而汉族人口却在减少。这与曾兹编造的"结论"完全相反。很明显,如果新疆维吾尔族人口正在遭受种族灭绝和大规模迫害,人口不会一直大规模增长。自然,哪怕位于西方的机构将中国政府提供的与维吾尔族人口增长有关的数据视为真实数据,欧洲—大西洋轴心国的政客还是会声称这些数据是大谎言。曾兹说的新疆的大型集中营里关押着100万维吾尔族人的故事,才是他们需要的"真相"。这种将共产主义等同于纳粹法西斯主义的企图,是一种在西方持续了多年的意识形态和政治运作。回顾两年前,同一个欧盟议会就已经在大多数欧洲议员投票通过的政治文件中"批准"了"纳粹法西斯主义和共产主义具有相同的历史缺陷"的说法。

西方想要隐瞒的真相是:新疆存在伊斯兰分裂恐怖主义斗争,其目的是将新疆从社会主义中国分离出来。西方利用新疆问题,客观上对该地区的分裂主义起到了推波助澜的作用,进而挑起他们多年来在西藏、台湾和香港进行的旨在瓦解中国的行动。

新疆既没有强制性的拘留营，也没有集中营。这些集中营曾存在于美国支持的皮诺切特（Pinochet）将军统治下的智利、美国支持的魏地拉（Videla）将军统治下的阿根廷，以及其他在中央情报局和政府支持下曾发生过政变的拉丁美洲国家。在新疆维吾尔自治区，存在的是中国政府光明正大地对外谈到的职业培训中心。维吾尔族人处于贫困状态且与中国其他地区隔绝，因而处于与恐怖组织接触的风险之中。在这些职业培训中心，维吾尔族人可以学习普通话，学习和了解中国法律。这是因为中国打击恐怖主义的想法和做法没有任何专制和不人道的成分，是通过文化和教育来提高维吾尔族贫困人口的认知水平。中国政府的方式，帮助维吾尔族改善了生活方式，更好地融入了中华民族大家庭，取得了鼓舞人心的成果，这一点在近年来的减贫统计数据中清晰可见。

互联网上有人散播显示维吾尔族人在类似监狱的建筑物内的视频。按照这些视频自身的"解释"，维吾尔族人是因为种族原因被关押在这些建筑物中的。事实上，仔细观察就很容易明白：视频中看到的建筑正是关押罪犯用的。这些建筑和西方的所有监狱都是一样的。这个例子说明同样的真相：西方及其媒体机构在孜孜不倦地打造一个独裁和暴力的中国的形象。

事实上，近年来许多西方国家的政治家和大使访问过新疆维吾尔自治区，并声明中国的工作对打击主张恐怖主义和分裂主义的伊斯兰激进主义非常有效。2019年6月，22个西方国家致函联合国，谴责新疆有侵犯人权的行为。然而第二天，由37个国家联合签署的一封信为中国在新疆的工作作了辩护，称赞了中国的作为。有趣的是，在联名支持中国的国家中，以伊斯兰国家为主；然而，联名谴责中国的西方国家中，却没有一个伊斯兰国家。

西方现今讲述的、所谓中国压迫少数民族的故事，我们并不是头一次听到。他们已经讲过西藏人民被压迫，香港人民被压迫（不是种族原因，但逻辑相同，目的相同）。事实上，比起占总人口约92%的主要民族——汉族，中国的少数民族和少数宗教群体享受着很多优惠扶持政策。在中国政府采取的扶持少数民族的措施中，曾经有放宽生育的政策、有保留给该地区少数民族（新疆的维吾尔族人、内蒙古的蒙古族人等）的大学名额、地方政府成员中为特定民族保留的名额、当地汉族居民也有学习少数民族语言的义务，以及其他很多优惠政策。

总之，西方今天对所谓侵犯中国少数民族权利问题的所有宣传，都是帝国主义惯用的严密策划的思想政治斗争的一部分。其主要目的，在于反对社会主义国家，遏制共产主义在西方社会的传播和发展。就像在二战后的意大利政治选举中，与美国和北约有联系的天主教民主党在墙上张贴海报，显示的内容是苏联的布尔什维克派在吃孩子。海报中写给意大利母亲们的口号如下："共产党人来了，当心你的孩子！"这并非出于偶然。

台湾一直是中国不可分割的一部分，直到中日甲午战争中国战败后，清朝签署了真正背叛中国和中国人民的《马关条约》，将澎湖列岛、台湾岛及其附属岛屿割让给了日本。但在1943年的开罗会议上，所有盟国（承认台湾在历史上一直是中国的，它进入日本只是日本在中日甲午战争中军事胜利的结果）一致同意日本应该归还"从中国偷来的所有领土"，并特别列出了台湾和澎湖列岛。

但是，随着1949年中华人民共和国的成立，西方开始"重新思考"1943年《开罗宣言》和1945年《波茨坦宣言》承认台湾是中国不可分割的一部分,自然也是新中国不可分割的一部分,是否是个错误。

尽管有美国及部分跨大西洋联盟成员的阻挠,1971年10月25日,联合国大会通过了第2758号决议:"恢复中华人民共和国的一切权利,承认她的政府的代表为中国在联合国组织的唯一合法代表并立即把蒋介石的代表从它在联合国组织及其所属一切机构中所非法占据的席位上驱逐出去。"此后,台湾地方政府多次尝试不再代表整个中国,而是以"自治国家"且只代表台湾地区的身份重返联合国。但这些尝试也都被联合国拒绝了。

世界上许多国家都同意中国政府的分析,即中华人民共和国和台湾地方政府代表的是中国内战的两条不同战线,而这两个战线属于同一个主权国家——中国。既然台湾地区的主权属于中国,关于台湾分裂的问题,则需要征求14亿多中国公民的意见,而不像台湾地方政府声称的那样,只需要目前居住在台湾地区的2300万人民的同意。

在1971年开始的"乒乓外交"背景下,美国拒

第六章 中国式现代化未来面临的挑战与前景

绝了台湾的分裂主义鼓动。此后,美国政府和各西方大国都相信,随着邓小平的改革开放政策的开启,中国很快就会回到世界资本主义阵营,再次成为西方的市场。

英国历史学家和专栏作家尼尔·弗格森(Niall Ferguson)于2008年写道:"在七十年代,随着邓小平改革的开始,美国的知识分子们确信,中国的新式经济特区不过是短时间内回归资本主义阵营的序章。这也是美国和西方对中国的霸权回归的序章。"

但出乎美国和西方的意料,邓小平发起的改革开放政策带领中国实现了人类历史上最伟大的经济发展,实现了中国特色社会主义的振兴。在苏联解体后,中国走在了金砖国家和广大的国际反帝国主义阵线的前列。要理解美欧跨大西洋联盟对台湾地区的新政策,正需要从这一事实出发。

面对社会主义中国的巨大发展,帝国主义战线不再反对"台独"的分裂活动,并且转向幕后支持。与此同时,它将台湾地区"武装到牙齿",意图先验地以军事手段拒绝中国政府推动国家统一的合法计划。过去20年,美国和西方把台湾地区变成了美国对抗中国的军事跳板。数百架F-104星式战斗机、

300多架诺斯洛普F-5战斗机、30多艘驱逐舰、约2000辆M-41/48坦克、大量霍克（HAWK）战斗机和奈基-大力神防空导弹——在此仅列举其中最重要的军用物资——由美国运送到了台湾地区。

台湾地区成了"海峡堡垒"，配备了对抗中国弹道导弹的装甲机库，这是一种以早期瞄准雷达为基础的多用途防空系统，具备反导能力。此外还配有改装过的HAWK战斗机、爱国者和天弓（大部分源自爱国者的本土型号）。仅在雷达上就花费了超130亿美元。对一个陆地面积为3.6万平方公里的岛屿而言，这实属超大型计划。台湾当局还采购了130架F-CK-1经国号战斗机、60架幻影2000战斗机和150架F-16轻型战斗机。现有导弹数量非常多，大概有1万枚。台湾地区自身似乎已经具备打持久战的能力。

美国知识分子在中国台湾问题上存在深刻分歧。其中一派美国地缘政治专家认为，要在中国成为世界第一强国之前就对之进行猛烈打击，其中就包括必须帮助台湾地区的分裂派。这些美国专家认为，必须将中国"陆地化"，封闭在陆地边界内，没有任何出海的可能。另一派知识分子清楚地了解包括军事力量在内的中国实力，则要求更加谨慎地对待中国台湾问题。

但是，遏制中国和帮助"台独"分子搞分裂，是近年来美国台海政策的主基调。对台湾地区的大规模军售在唐纳德·特朗普的授权下成倍扩张。"与台湾关系法"宣布对台军售均为"非防御性武器"。事实上，它们确实属于攻击性武器。此外，基于美国与台湾地区之间军事关系的深化，一家主张自由主义——因此反对干预主义——的机构卡托研究所（Cato Institute），在 2020 年 12 月发表的一份报告中宣布，美国政府冒着风险作出支持"台独"的分裂活动的承诺，但该承诺"在中国这一新兴大国面前将无法兑现"。

总之，西方帝国主义右翼力量一直没有放弃，通过利用香港和台湾问题等内政问题，以及捏造的新疆和西藏"人权"问题分裂中国、削弱中国，阻断中国的社会主义现代化进程。

第三节　中国式现代化进程是难以阻遏的

自1921年建党，中国共产党就带领中国人民追逐实现民族复兴的伟大梦想。自1949年中华人民共和国成立以来，中国共产党带领中国人民实现了向社会主义制度的转型，构建并逐步完善了国家的工业体系，且为保持国家独立自主而不断在国防军工、航空航天领域奋力突破。新中国成立的前30年——也就是西方人所说的毛泽东时代，为此后中国特色社会主义的探索和成就奠定了良好的物质基础。同样，改革开放以来，中国在经济、社会、文化、科学、教育、卫生、体育等领域的全面发展，自然也为其社会主义现代化强国的梦想铸就了坚实基础。

回顾历史我们会发现，新中国在前30年的社会主义建设中遭遇到了诸多重大挑战。在东西方冷战背景下，西方对中国的禁运和技术封锁，极大地限制了社会主义中国对资本主义世界黄金30年发展进程的参与。苏共二十大后，社会主义阵营内部一度出现分歧。尤其中苏关系破裂后，苏联中止对中国的援助。这导致中国在发展科技和构建现代工业体系上陷入孤立无援境地。经济上的困境，往往也是新中国在国际政治领域困境的折射。但是，中国共产党领导下的新中国始终与发展中国家，与那些同自身一样刚刚摆脱殖民地半殖民地处境的第三世界国家，建立了良好的关系，实现了团结。这逐渐成为社会主义中国的优良外交传统和国际政治财富，也是其在国际上不断拓展政治、经济和文化交往空间的动力源之一。

当历史的车轮缓缓驶入 20 世纪 70 年代末 80 年代初，中国的外部环境发生了变化。改革同时成为东西方阵营的潮流：资本主义世界所流行的是新自由主义改革，东欧社会主义阵营进行的是政治多元化和市场化改革。后者的改革，不仅未能取得预期的效果，而且也未能在坚守科学社会主义的前提下抵御新自由主义的影响。这在很大程度上导致东欧社会主义政权走向崩解。20 世纪 80 年代后期，中国显然也受到了多种思潮的影响。但幸运的是，中国有一个政治上清醒、成熟，始终能够坚守初心的马克思主义政党。这是社会主义中国能够经受住各种重大考验并超越各种挑战的根本保证。因此，今天在我们梳理中国现代化所面临的挑战时，不应盲目地悲观，而应谨慎地乐观。

对中国现代化前景构成挑战的难题，有些不会自然消失，有些甚至并不是完全取决于中国自身所表现的态度、立场和具备的能力。应该阐明的是，这些挑战和困难，并不完全构成中国现代化进程的决定性因素。我们预测中国的命运、中国特色社会主义的发展、中国现代化的前景，都应首先密切关注这个国家的执政党的变化。没有自己特殊利益的中国共产党已经建党百年，不仅初心不改，而且始终将人民幸福、国家复兴，以及构建人类命运共同体的责任放在心上，扛在肩上。中国共产党如果能够始终做到与时俱进，那么，无论中国现代化进程中遇到多大的困难和挑战，都将被克服。

也许有人会质疑：改革开放以来，在中国蓬勃发展的市场经济和非公经济中，似乎滋生了不少腐败问题。那么，也请关注中国共产党的反腐败决心，尤其2012年中共十八大以来，中国在反腐败制度建设上的长足进步。中国共产党还通过加强党的政治建设、思想建设、组织建设、作风建设、纪律建设和制度建设不断地自我完善。这保证了中国共产党在中国人民心目中始终享有崇高的地位。据统计，中国共产党的十九大代表中有87.8%是在改革开放后入党的。这并非没有意义的数据。

就社会领域的建设来说，中国共产党和中国政府对老龄化、社会保障体系发育不足等制约经济发展的挑战也越来越重视。中国政府已经制定并不断丰富应对人口老龄化的国家战略，推动养老事业和产业高质量发展。中国根据国情而构建多层次的社会保障体系，旨在让更多的中国人享受到现代化的发展成果。鼓励通过勤劳、通过奋斗实现共同富裕，也是中国式现代化的重要内容。

从物质基础和生产力的发展水平来看，中国在40多年的改革开放中，已经为社会主义现代化强国的建成积累了完备、高效的工业体系，培养了众多充满活力和创新能力的人力资本，并在航天、信息技术、生物科技等多个领域跻身世界前沿。与此同时，世界经济与中国经济的联系愈发紧密且深入。在今天这个全球化时代，世界经济发展离不开中国的发展，中国的发展也需要外部世界的支持。面对外部世界的不确定性，中国提出了要构建以国内大循环为主体、国内国际双循环相互促进的新发展格局。换言之,中国具备了继续向更强、更高的发展阶段过渡的经济基础,并制定了具有前瞻性的发展战略。

面对西方"鹰派"的政治攻击和挑衅,中国始终显示出足够的战略定力和政治智慧。社会主义中国是维护世界和平的最重要力量之一;社会主义中国也是推动世界人民实现团结的最重要力量之一。在迈向现代化进程中,这个古老的国家充分展现其逐步发展出的现代文明的生机与活力;与此同时,也向世人展现了其源远流长的传统文明之深邃与魅力。西方应加强与中国的交流和友好对话,重视其为人类社会面临的诸多危机和挑战贡献的中国智慧和方案,如构建人类命运共同体倡议等。

总之,卓越的执政党、坚韧且富于创造力的人民、坚实的工业基础和开放包容的文化,以及生产力与科技的不断进步,都决定了中国迈向现代化的进程是难以阻遏的。